Aaron Benanav

AUTOMATION AND THE FUTURE OF WORK

オートメーションと労働の未来

アーロン・ベナナフ

監訳・解説　佐々木隆治
翻訳　岩橋 誠・萩田翔太郎・中島崇法

目次

凡例

・（　）は原書による挿入、〔　〕は訳者による注記である。

・引用文のうちすでに邦訳のあるものはそれを参照したが、文脈に応じて適宜、表記等を変更したところがある。

日本語版への序文

私たちは驚くべき新テクノロジーの時代を生きている。ポケットからスマートフォンを取り出せば、誰でも豊富な情報にアクセスすることができる。アメリカ合衆国とヨーロッパでは、パンデミックの最中にQRコードが至るところに広がり、レストランでの料理の注文からコロナウイルスの簡易テストの予約に至るまで、携帯電話でずっと多くのことができるようになった。私たちの多くは、仕事でも以前より多くのデジタルツールを使用している。企業はプラットフォーム技術を用いて労働者を雇ったり訓練したりすることが増えている。アルゴリズムは労働者や消費者のデータを収集し——常に監視されている感覚を両者に与えながら——経営判断に役立てている。

ところが、オートメーション化による破滅の到来が何年にもわたって語られてきたにもかかわらず、今のところ明らかなのは、最先端の人工知能でさえも人間にできることの大半を実行できないということである。その原因は処理能力の不足だけではない。そのテクノロジーそのものに根本的な限界があるのだ。

コンピュータは膨大なデータセットに基づいて複雑な統計分析を実行することができるが、依然として因果関係を理解することはできない。カテゴリーをネスト化して思考することもできない。高度に制御された環境がなければ、ロボットが一貫したやり方で対象の認識や意味づけをおこなうことは難しい。ロボットは人間の問いかけに適切に応答することもできず、人間たちがおこなう多くの単純なタスクを手助けすることもできない。繊維のような柔らかい物質を扱うこともロボットには難しい。

これらは、コロナ時代においても、私たちが高度な知能をもった機械の軍勢に制圧されていない理由のほんの一部にすぎない。まさに私たちがロボットの手助けを最も必要としているそのときに、ロボットがエッセンシャルな仕事を行うことはほとんどなかったのだ。むしろ、人間がそれらの仕事の大部分を行ったのであり、コロナウイルスに感染し、さらには死の危険に瀕しながら、病院や学校、倉庫、レストラン、スーパーマーケット、デリバリー・サービスの業務を続けたのである。アメリカ合衆国では、二〇二一年末から二〇二二年初めにかけて、労働者たちが労働市場の一時的な逼迫を利用して仕事を辞め、賃上げを要求した。彼らは、ロボットが自分たちに取って代わることを恐れてはいない。マサチューセッツ工科大学の経済学者ダロン・アシモグルのような最も若い世代のオートメーション論者は、資本主義経済が以前ほど急速に成長していないことを認めている。彼らは、多くのオートメーション論者が想定していたのとは反対に、技術革新のペースが加速するどころか減速していることを指摘している。

しかしながら、これらの論者も、生産の急速なオートメーション化が起こっていると主張し続けている。アシモグルは、あたかもテクノロジーによって、身の回りの実際の具体的な技術的変化にとどまらず、あらゆる中間管理職の夢さえ叶いつつあるかのように述べている。その夢とは、上司が取り扱いの難しい人間を解雇して、従順なロボットに置き換えること——たとえそのロボットが、置き換えられた労働者よりも迅速に仕事をしなかったとしても——である。

仮にこのようなロボットによる労働の代替が大規模に起こっているとすれば、経済統計にその痕跡が現れるだろう。労働力は一部の仕事、とりわけ製造業から排除されつつある。しかし、現在、このような変化が起こっている企業の数は以前よりも減っている。その一方で、最先端のテクノロジーを有しているアメリカ合衆国では、この一〇年の間、歴史的な低離職率を経験した。つまり、この一〇年間は、過去一五〇年のどの一〇年間と比較しても、労働者が最も遅いペースで転職をした時期だったのである。

この現象は、ロボットの軍勢が労働者を好条件の雇用から悪条件の雇用へと追いやってはいないことのさらなる証拠となっている。世界中の多くの国で労働者が直面している問題は、オートメーション技術によって転職への圧力が強くなっていることではなく、経済成長の減速のために悪条件の雇用から好条件の雇用へと移動する機会があまりに少なくなっていることなのだ。

多くの労働者は、たとえ教育水準の高い層であっても、質の低い仕事から抜け出すことができないでいる。悪条件の雇用に陥ってしまった労働者が好条件の仕事を見つけるのはたいてい困難であり、彼らの弱い交渉力はさらに低下し、システムそのものが不正に仕組まれたものだと感じるようになっている。

これらの傾向を併せて考えると、今日の経済的不平等や半失業の増大の責任はテクノロジーにあるという説には疑問が生じてくる。私は本書『オートメーションと労働の未来』において、私たちが直面している危機の原因は、経済成長率が一%あがるごとに創出される雇用の数がオートメーションによって減少していることにあるのではない、と主張している。

真の問題は、成長主導型の経済が拡大のペースを落としていることであり、その結果として創出される雇用が減っていることなのである。経済は停滞を続けている。労働者世帯の多くは半失業状態に苦しんでおり、わずかな経済成長から受けることのできる恩恵は存在するにしてもますます少なくなっている。

以上の理由から、コロナ危機後の経済回復は短期的なものに止まり、多くの経済圏ではパンデミック以前の状態に戻るだろうと私は考えている。すなわち、労働者の低い交渉力、低水準の経済成長率、格差の拡大というトレンドに戻るであろう。私たちが闘わなければ、すでに富んでいる者たちは、政治を支配することによって、その地位をさらに強固なものにするためにさらなる手段を講じるであろう。

本書で説明しているように、経済成長の低迷はますますグローバルなトレンドとなっており、中国にさえ広がりつつある。現在の超競争的なグローバル市場において工業部門の企業が投資から収益を得ることは困難であり、そのためそれらの企業は製造業における生産性の高い分野への投資を減らしてきたのである。

この変化が労働市場でそれ以前から進行していたトレンドを加速させた。すなわち世界中で、労働者のますます多くがサービス部門に雇用されるようになったのである。サービス業は国際的な競争から守られている場合が多い。ただし、サービス部門の雇用には、労働生産性の成長が低水準に止まるという特徴がある。サービス部門の生産性の平均的な水準をＡＩが向上させるという徴候も見られない。むしろ、ますます多くの労働者がサービス労働に移動するようになるにつれ、生産性の伸び率は低下していく。他方、生産性の伸びが経済成長の主要な構成要素である以上、経済成長それ自体も減速していく。

この問題に対応する一つの方法は、経済成長率を回復させて雇用を取り戻そうとすることである。多くの政治家は、かつての経済成長の黄金時代へのノスタルジアを表明し、過去の経済的繁栄に回帰するのを阻んでいる要因であるとして、貧困層からエスニック・マイノリティや外国からの移民にいたるまでの一連のスケープゴートを攻撃する。

こうした政治家は権力の座に就くと、企業の生産拡大を促進するために、法人税率を引き下げ、公債を発行し、規制緩和を進め、労働者保護を撤廃した。しかし、これらの政策はどれも成功しなかった。経済成長率は歴史的な低水準のままである。民間投資が急増したにもかかわらず、アメリカ合衆国は二つの金融バブル——最初は一九九〇年代末のドットコム・バブル、続いて二〇〇〇年代半ばの住宅バブル——を経験し、どちらの場合もその後には経済成長のさらなる低迷が続いた。日本においても、経済回復のための努力は同じく精彩を欠く結果に終わった。

一方、市場主導型の改革は、労働者保護と福祉給付を削減することによって、労働者の負担をたんに増大させただけだった。若年労働者たちは、どんなに懸命に働いても、安心できるだけの金を稼ぐことはできないと痛感するようになっている。

今後も、民間投資をさらに促進するような試みは——テクノロジー主導型の試みと同じように——成功しそうにない。経済成長が鈍化した状況のもとでは、公的資金を投じた研究が雇用問題の解決につながることはほとんどないだろう。アントレプレナー的な私的企業の巧みな経営手法がしばしば喧伝されるが、インターネットやタッチスクリーン、GPSなどは公的資金を投じた研究が生み出したものだった。とはいえ、こうしたイノベーションがウーバーの登場を必然的なものにしたわけではない。ウーバーがこれらのテクノロジーを利用して、不安定な立場で細切れの仕事を求める人々を喰いものにしているのだ。多くの企業は労働者をより効率的に支配し搾取するために、不安定性を増大させる方法を考え続けるだろう。

それでは、私たちは何ができるだろうか？　コロナウイルスのパンデミックに際して、ますます多くの人々が、経済停滞の罠から抜け出すためにはラディカルな行動が必要であることを認識するようになっている。一部の経済学者は、グリーン経済への移行と富の再分配を進めるために、大規模な公的投資を要求することさえしている。ここで提案されている投資の核心は、それが利潤を稼ぐためではなく、広範な社会的利益を生むためにおこなわれることにある。たしかに、その要求は正しい方向への一歩をなすものではあるが、アメリカ合衆国などでは富裕層の経営者たちが強い反対を表明している。巨大な公的投資は、既存の経済的エリートの政治的影響力を減少させることになるからだ。

いま私たちに必要なのは経済と社会のより広範な変革のために闘うことである。それは、労働者と広範な市民社会を基盤とする、大衆的な変革運動によってのみ達成されるであろう。本書『オートメーションと労働の未来』において、私は次のように述べた。オートメーション論者の夢であるポスト希少性の世界に到達することは実際に可能であるが、それは資源の配分や生産の仕方を抜本的に再組織することができた場合のみである、と。

私たちは投資のプロセスを集団的に制御し、それを株価の最大化ではなく人々の実際のニーズを満たすことに向け、経済的な意志決定の方法を徹底的に民主化しなければならない。人々が生活するのに必要な財やサービスの大部分を無償で提供可能にするための条件は整っている。家事労働やケア労働のように現状では公式の経済活動とされていない労働も含め、すべての労働を再分配し、労働量を減らすことは可能である。このような変革によって、人々が自分の人生を自由に決定することのできる、自由の領域が拡大されていくであろう。

今日、私たちは、この目標に近づくために利用できるテクノロジーをかつてないほどに有している。私たちが直面している主な障害は、本質的には、技術的ではなく社会的なものなのである。

アーロン・ベナナフ
ベルリンにて
二〇二二年四月

序文

インターネットやスマートフォン、そしてソーシャルメディアは、人々が互いに関係を結び、世界を知るための方法を大きく変化させてきた。これらのデジタル技術がスクリーンを離れて、私たちのいる物理的世界に組み込まれていくとしたら、何が起こるだろうか？　高度な産業用ロボットや自動運転車、人工知能によって癌を早期発見する機械などは、快適な世界を予兆しているかに見えるが、一方で私たちを不安にもさせている。ほとんどのものがオートメーション化された未来において、つまるところ**人間**はなにをするのだろうか？　高度な知能をそなえた機械が導く新時代において人間の自由という夢を実現することができるように、既存の諸制度を調整することはできるのだろうか？　それとも、その夢はテクノロジーによる大量失業という悪夢に変わるのだろうか？

二〇一九年に『ニューレフト・レビュー』に掲載された二つの論文において、私はオートメーション化をめぐる新たな言説が、リベラルからも右翼からも、そして左派の理論家からも提起されていることを指摘した。まさに右に挙げたような問いを発しながら、それらのオートメーション論者は一つの挑発的な結論に至る。すなわち、技術による大量失業が間近に迫っており、人口の大部分が生存に必要な賃金を手にする手段を失う以上、これを防ぐにはユニヴァーサル・ベーシック・インカム（ＵＢＩ）を給付するしかない、と。

私は本書で、現代におけるオートメーション言説の再登場は、世界中で起きている現実の動向、すなわち、仕事が十分にないという事態への応答であることを指摘した。この慢性的な労働需要の低迷は、雇用なき景気回復や賃金水準の停滞、不安定雇用の拡大などの経済的動向に現れている。それはまた、格差の拡大がもたらす政治的現象、すなわち、ポピュリズム、金権政治、そして新たな海上都市の建設を目論むデジタル・エリートの台頭にも見て取ることができる。こうしたエリートはデジタル小作農の生活を向上させることよりも、彼らを燃える地球に残したまま、自分たちだけロケットで火星に逃亡することに意識を向けているのだ。

一方にカリフォルニア州オークランドのホームレスや失業者を、他方にそこから数マイル離れたフリーモントにあるテスラ社のロボット化された工場を示せば、オートメーション論者の言っていることは正しいに違いないと簡単に信じてしまえる。しかし、止めどない技術革新が雇用を破壊しているという彼らの説明は、端的に言って誤りである。労働需要の低迷はアメリカ合衆国やEU諸国で現実に存在し続けており、それは南アフリカやインド、ブラジルなどの国でいっそう深刻であるが、その原因はオートメーション論者が指摘するものとほぼ正反対のものである。

実際には、労働生産性の成長率は上昇するどころか、むしろ低下している。もし生産性の低迷を別のより重大な趨勢が打ち消さなかったとすれば、労働需要は増加していたはずなのである。この趨勢こそはマルクス主義経済史家ロバート・ブレナーが「長期低迷」という概念で初めて分析し、そして主流派経済学者が遅ればせながら「長期停滞」ないし「日本化」として認識した現象であり、これによって経済の成長速度が次第に鈍化してきたのである。何が原因なのだろうか？　数十年にわたる産業の生産能力の過剰が製造業の成長エンジンを止めてしまい、しかもそれに代わるものが存在しないということだ。もちろん、サービス部門の大部分を占める低成長・低生産性の経済活動にそれが見いだされるはずもない。

経済成長が減速すると雇用創出率も低下する。まさにこのことが世界中で労働需要を低迷させてきたのであり、技術による雇用破壊が原因なのではない。ジョン・カーペンターの映画『ゼイリブ』に登場する現実を見るためのメガネ――これをかけると主人公は広告の裏の真実を見通すことができるようになる――を掛ければ、光り輝く新設のオートメーション工場や卓球のできる家庭用ロボットの世界ではなく、崩れかかったインフラ、脱工業化した都市、苛立った看護師、そして低賃金の販売員の世界、さらには投資先の減少によって膨れ上がった金融資本の世界を見いだすことは容易である。

停滞した経済を再活性化させるために、政府は約半世紀をかけて懲罰的な緊縮財政を人々に押しつけ、学校や病院、公共交通網、そして福祉プログラムの予算を削減してきた。それと同時に、超低金利の下で、政府、企業、家計は記録的な負債を抱えるようになった。これらは、一九九〇年代末のITバブルの最中に連邦準備制度理事会の前議長アラン・グリーンスパンが主張したように、デジタル化の未来に投資するために行われたのではなかった。それどころか、企業は株主に報いるために資産を抵当に入れ、貧しい世帯は生計を維持するために借り入れを行ったのである。

このような動向によって世界経済が信じられないほど貧しい状況に置かれていたところに、コロナ不況という最大の試練が訪れたのである。崩れかかった保健システムは患者で溢れ返り、多くの子どもにとって基礎的栄養を摂取するのに欠かせない（そして親にとっては養育施設として欠かせない）学校は閉鎖された。そうしているうちに、経済は崩れていった。巨額の負債を抱えた企業は、少なくとも当初は、大恐慌以来の速度で株価が急落するのを目の当たりにした。失業率は世界中で著しく上昇し、特にアメリカ合衆国では極めて高い水準になり、膨大な人口が食費や医療費あるいは家賃を支払うことができなくなった。大規模な金融政策や財政政策にもかかわらず、弱った経済はコロナの打撃からすぐには回復しそうにない。長期的に見れば、経済の不安定化や不平等化という長きにわたるトレンドをコロナ不況がさらに加速させることは明らかである。

だからこそ、現代のオートメーション言説を省みることが重要なのである。オートメーション論者は私たちの生きているディストピア的世界にユートピア的回答を提示する。『ゼイリブ』に登場する真実のメガネを外して、こうした論者が棲息するファンタジーの世界に一瞬だけ戻ってみよう。そこでは私たちは皆（現在の不況の犠牲者のように）あまり働かないが、生活を維持するのに必要なものすべてを利用できる。私たちはより多くの時間を家族と過ごす（しかし、それは孤立を強いられている状況のためではない）。高齢者は（病院のベッドで死を待つのではなく）パワードスーツを着用して公園をジョギングする。再生可能エネルギーに急速に移行しつつあるために（工場が閉鎖されて人々が車を運転しなくなったからではなく）大気からスモッグが除去されている。パワードスーツを除けば、これらすべては、私たちがそれを求めて闘うなら、今すぐにでも実現可能である。たとえ生産のオートメーション化が不可能だとしても、私たちはオートメーション論者が語るポスト希少性の世界を実現することがすでに可能なのだ。

私は本書のテーマに二つの異なる経緯から関心を持つようになった。一つは遠い昔のことであり、もう一つはもっと最近のことだ。オートメーション論者の多くと同様に、私も一九八〇年代と九〇年代に生まれ育ち、ＳＦ小説を読んだり、『新スタートレック』（一九八七年）で共産主義者が銀河をまたにかけて宇宙探査飛行をするのを観たりした。これらの作品にたいする私の興味を喚起してくれた父自身も、オートメーション分野の研究者だった。多くの同僚たちと同じように、彼はアカデミアでのキャリアを離れて一九九〇年代のスタートアップ文化の中で運試しをすることを選んだ。当時、そこで巨額の富を築く者も確かにいたが、多くはそうならなかった。ほとんどの新興インターネット企業は経営破綻し、エンジニアたちの過労に報いることはできなかった。高校生の夏、父とともに毎年違う会社のインターンでHTMLやJavaScriptのプログラミングをしていた私は、デジタル経済には幸福を手にする見込みがほとんどないことを悟った。その代わりに、私は現代経済の繁栄と不安定性を生み出す二つの要因である経済成長と失業の歴史を勉強することに没頭するようになった。

二〇〇八年の金融危機の直後、私は当時の社会運動に関わるようになり、その経験を共同執筆プロジェクト「エンドノーツ」の仲間たちとの会話や協同作業をつうじて整理していった。私たちが共同執筆した無署名のテクストは、本書の分析に大きな影響を及ぼしている。オートメーション論者の知的な協業環境が存在することを知ったのは、ニック・スルニチェクとアレックス・ウィリアムズ――彼らの共著『未来を発明する（*Inventing the Future*）』（二〇一五年）は左翼のオートメーション論の好例である――との出会いをつうじてであった。このことが、幼少期に好きだったSF小説のことを私に思い出させ、同時に私自身の未来への展望を変えたのである。

オートメーション論者の著書を読み進め、ますます長くなっていく文献リストに過去のユートピア文学やSF小説をさらに加えながら、私の中である確信が深まっていった。すなわち、彼らは総じて、これまで私の出会った誰よりも、ポスト資本主義社会の論理構成について考え抜き、そしてそこに到達するための道筋を想像してきたのだということである。私は彼らの現状分析には同意しなかったが、彼らの未来のビジョンに応答することをつうじて、彼らのものに比べれば面白味のない灰色にとどまっていた私自身のビジョンを発展させることができると考えた。本書において私は、ポスト希少性の未来を生産の完全なオートメーション化なしで実現する可能性を探求する。すなわち、私たちに共通する社会的な存在の仕方の中心に労働を置くことなく、労働生活に尊厳や自律性、そして目的を取り戻すような仕方で、必要な労働をシェアすることによってである。

私は本書において、オートメーション言説を紹介し批判しながら、過去五〇年の間に世界経済とその労働力に起こったことを概説し、慢性的な労働需要の低迷という今日の状況に至った経緯とその起源を明らかにする。さらに、この市場の失敗を解決することを目標とする政策的代替案——新自由主義的構造改革、ケインズ主義的需要管理、そしてユニヴァーサル・ベーシック・インカム——について論じ、それらとの対比でポスト希少性の世界の輪郭を描く。

本書の執筆を通して、私はさらに深く確信するようになった。より人間的な未来に向けて潮目が変わるか否かは、労働者の多くが労働需要の継続的低下とそれに伴って拡大する経済的格差を受け入れることを拒否するか否かにかかっているのだ。そのような経済状況に対する闘争は、コロナ不況の前から世界中で勢いを増しており、最近になって再び盛り上がりをみせている。私たちは、こうした闘争から生み出された社会運動に深く関わり、それらが前進するよう支援しなければならない。そうした運動が失敗すれば、おそらく私たちが手にする最良の結果は、今よりもほんの少し高い社会的賃金をユニヴァーサル・ベーシック・インカムという形で受け取るだけになるだろう――これについては各国政府が現在の不況にたいする実行可能な政策として実験を行っている。私たちはこのような穏健な社会目標のためではなく、ポスト希少性の地球を打ち建てるためにこそ闘わなければならない。

本書の執筆は多くの人々の支援と友情なしには不可能だった。すなわち、ペリー・アンダーソン、アリエル・エンジェル、エリス・アーキンド、マーク・アーキンド、ミア・ビーチ、ダン・ベナナフ、イーサン・ベナナフ、マンディ・ベナナフ、ジャスパー・ベナナフ、マルタン・ビヨーク、ジャン・ブレマン、J・ダコタ・ブラウン、ジョニー・バニング、ポール・チェイニー、故クリストファー・チティー、ジョシュア・クローヴァー、キアラ・コーデリ、オリヴァー・カザン、ダニエル・デンヴァー、アンドレアス・エッカート、ヒュー・ファレル、アドム・ゲタチュー、マヤ・ゴンザレス、ダラ・グラント、リー・ハリス、ギャリー・ヘリゲル、ジョエル・アイザック、フェリクス・クルス、レイチェル・クシュナー、ナタリー・レオナード、ジョナサン・レヴィ、マルセル・ファン・デル・リンデン、ロブ・ルーカス、ニール・マクリーン、ヘンリー・ミュールハイム、ジャン・ニートン、メアリー・エレン・オブライエン、クリス・オカーン、故モイシュ・ポストン、テア・リアフランコス、パヴロス・ルフォス、ビル・スウェル、ジャンソン・スミス、モーリン・スミス、ジュリアナ・スパー、ゾーイ・サザーランド、ベン・ターノフ、サラ・ワトリントン、スージー・ヴァイスマン、ビョルン・ウェスターガード、ガブリエル・ワイナント、そしてダニエル・ザモラである。さらに、シカゴ大学の「資本主義の歴史と理論」ワークショップと「フェロー会」ワークショップの参加者たちである。私を研究と執筆の各段階において支援してくれたクロエ・ワトリントン、ロバート・ブレナー、ジョン・クレッグ、そしてシャルロット・ロバートソンに対しては特別な感謝を伝えたい。最後に、私の編集者たちに感謝したい。『ニューレフト・レビュー』のスーザン・ワトキンス、トム・ヘーゼルディン、エマ・ファイゲンバウム、そしてローラ・シートン、またヴェルソのトム・ヘーゼルディン（再び）、ダンカン・ランスレム、そしてサム・スミスである。特にトムには、世界がひっくり返っているにもかかわらず時間軸を加速させて本書のプロジェクトを推し進めてくれたことに感謝している。
本書をクロエ・ワトリントンに捧げる。

アーロン・ベナナフ
二〇二〇年六月、シカゴにて

1

オートメーション言説

人工知能、機械学習、ロボット工学の急速な進歩が労働の世界を大きく変えようとしているようにみえる。テスラ社のような世界最先端の工場では作業プロセスが完全にオートメーション化されており、もはや人の手を必要としないため、暗闇の中でも稼働できる「消灯」生産が推し進められている。その一方で、ライトアップされたロボット工学の展示会のホールでは、卓球をしたり、料理をしたり、セックスをしたり、会話することもできるロボットたちが展示されている。コンピュータは、囲碁の新しい戦略を生み出すだけでなく、聴衆が涙するような交響曲を書いているという。コンピュータは白衣やバーチャル・スーツを着用して癌を発見することを学習しており、法廷戦術の策定に用いられる日も遠くないだろう。トラックはすでに運転手なしで米国中を走り回ることを学んでおり、ロボット犬は荒涼とした大地で軍用の武器を運んでいる。私たちは、人間の労苦の最後の日を生きているのだろうか？　いまや、エドワード・ベラミーがかつて「エデンの布告」と呼んだものが廃止されようとしており、「ヒト」は――少なくとも私たちのなかで最も裕福な人々は――神のようなものになるのだろうか？[1]

このような誇大宣伝を疑う理由はたくさんある。たとえば、滑稽なことにロボットはいまでもドアを開けることができないし、残念ながら洗濯物をたたむこともできない。ロボット警備員はショッピングモールの噴水に落ちている。コンピュータ化されたデジタル・アシスタント〔チャットボット〕は質問に答えたり文書を翻訳したりできるが、人間の介入なしに仕事をこなすには不十分である。同じことは自動運転にもあてはまる。[2]二〇一四年にアメリカで「ファイト・フォー・フィフティーン」運動〔時給一五ドルへの賃上げを求める運動〕が巻き起こるなか、サンフランシスコでは最低賃金引き上げ法が成立すればファストフードの店員はタッチパネルに置き換えられると脅す看板が何枚も立てられた。『ウォール・ストリート・ジャーナル』は、この法案を「ロボット雇用法」と名付けた。しかし、ヨーロッパでは多くのファストフード労働者がタッチパネルのある環境で働いており、しばしば合衆国のファストフード労働者よりもよい給料を稼いでいる。[3]だとすれば、このオートメーション化にまつわる語りは誇張なのだろうか？

新聞や大衆雑誌の紙面では、オートメーション化にまつわる恐怖の物語はいまだ無意味なおしゃべりにすぎない。しかしながら、この語りはここ一〇年のあいだに、現在のテクノロジーを分析してその未来を予測するだけでなく、テクノロジーの変化が社会全体に与える帰結を探求することを目的とした、影響力のある社会理論へと結晶化してきた。このオートメーション言説は、四つの主要な命題に基づいている。第一に、労働者はすでにいっそう高度な機械に置き換えられつつあり、その結果として「技術的失業」が増大している。第二に、こうした置き換えは、ほぼすべての作業が自動の機械と知能を持ったコンピュータによって行われるような、大部分がオートメーション化された社会を達成する間際に私たちがいることを示す確かな兆候である。第三に、オートメーション化によって人類は過酷な労働から集団的に解放されるが、私たちが生きる社会ではほとんどの人が労働なしには生きていけないのだから、オートメーション化による解放という夢は悪夢にもなりかねない。[4] したがって、第四に、大量失業という大惨事——全く別の理由ではあるが、まさに二〇二〇年に合衆国で起きたような——を回避する唯一の方法は、ユニヴァーサル・ベーシック・インカム（UBI）を導入し、人々が得る収入の大きさと彼らがおこなう労働量との関係を断ち切らなければならない。

機械がやってくる

このようなオートメーション言説を主に広めているのが、未来学者を自称する人々である。エリック・ブリニョルフソンとアンドリュー・マカフィーは、広く読まれている著書『ザ・セカンド・マシン・エイジ』のなかで、私たちが「変曲点に、すなわち、かつてはSFの世界にしか存在しなかった多くのテクノロジーが日常的現実になりつつあるような曲がり角に」いると述べている。新しいテクノロジーは莫大な「報奨金」を約束するが、「すべての労働者はおろか、大多数の労働者がこうした進歩から恩恵を受けるという経済法則さえも存在しない」と、彼らは警告する。それどころか、より高度な技術の導入によって労働需要が減少するにつれ、賃金水準が低迷し、年間所得のますます多くの部分が労働者によってではなく資本によって取得されるようになる。その結果は不平等の拡大であり、それは、レントの採取が技術革新を締め出してしまう「資本主義の失敗様式」を生み出すことによって、彼らがいう「マシン・エイジ」への「私たちの旅を遅らせる」ことになりかねないという。[5] マーティン・フォードも同じように、著書『ロボットの脅威』のなかで、私たちが「経済全体が非労働集約的になる」という「転換点に向かって」いると主張し、次のように述べている。「万人にとって最も恐ろしい長期的シナリオは、グローバルな経済システムが最終的になんとかして新たな現実に適応」した結果、「オートメーション化された封建制」、すなわち「小作農がほとんど不要となり」、エリートが経済的需要に応答しないような社会が生み出されることである。[6] こうした著者たちによれば、教育や新たな職業訓練はオートメーション化された経済における労働需要を安定化させるためには不十分であり、負の所得税など何らかの形で賃金以外の収入を保証する方法を導入しなければならないのである。[7]

このようなオートメーション言説は、ジーンズを履いたシリコンバレーのエリートたちに熱狂的に迎え入れられてきた。ビル・ゲイツはロボット税の導入を提唱し、マーク・ザッカーバーグはハーバード大学の卒業生に「ユニヴァーサル・ベーシック・インカムのようなアイデアを検討してみてはどうか」と語っている。イーロン・マスクも、ユニヴァーサル・ベーシック・インカムは、ロボットがますます多くの仕事で人間を凌駕するようになるにつれ、いっそう必要になっていくと考えている。[8] マスクは自らの SpaceX 社のドローン船に「もちろんいまもきみを愛している（Of Course I Still Love You）」や「指示をよく読め（Just Read the Instructions）」といった名前をつけているが、これはイアン・バンクスの『カルチャー』シリーズに登場する宇宙船の名前を借用したものである。このバンクスの両義的なユートピアSF小説はポスト希少性の世界を描き出しており、そこでは人間が市場や国家を必要とせず、「マインド」と呼ばれるＡＩロボットとともに充実した生活を送っている。[9]

政治家やそのアドバイザーたちもこのオートメーション言説に同調しており、それは「デジタル化された未来」についての最も重要な視座の一つとなってきた。バラク・オバマは大統領退任演説のなかで、「次なる経済的混乱の波」は対外貿易からではなく、「中産階級の良質な仕事の多くを時代遅れのものにしてしまう情け容赦のないオートメーション化」から来るのであろうと述べている。ビル・クリントン政権下で労働長官を務めたロバート・ライシュも、同様の懸念を表明している。「テクノロジーが単純労働だけでなく専門的労働も含め、あまりに多くの仕事に取って代わってしまうため、ユニヴァーサル・ベーシック・インカムというアイディアを真剣に考えなければならなくなる」ような段階に我々はまもなく到達するだろう、と。クリントン政権下で財務長官を務めたローレンス・サマーズも同じことを認めている。彼によれば、労働者の賃金が停滞し経済的不平等が拡大するなか、かつては「馬鹿げていた」技術的失業にかんする考えは、いまやますます賢明なものになっているようにみえる。こうした言説は、二〇二〇年の大統領選候補者選びの際に泡沫候補が展開したキャンペーンの基礎にさえなった。オバマ政権で「グローバル企業家大使」を務めたアンドリュー・ヤンは、『普通の人々にたいする戦争』と題したオートメーション化にかんする大著を執筆し、「人間ファースト」を掲げる未来志向の選挙戦を展開するとともに、過去二世代において初めてアメリカ政治のメインストリームにUBIを紹介した。ヤンの支持者の一人がサービス従業員国際労働組合（SEIU）の元代表アンディ・スターンであり、彼の著書『底を上げる』はこのオートメーション言説のもう一つの例である。[10]

ヤンとスターンは、これまで挙げてきた著者たちと同様に、たとえ資本主義が労働市場を切り捨てなければならないとしても、それがなんらかの形で存続することを読者に保証しようと苦心している。しかし彼らは、よりラディカルなバージョンのオートメーション言説を提供している極左に影響を受けていることも認めている。ニック・スルニチェクとアレックス・ウィリアムズは『未来を発明する』のなかで、「最新のオートメーション化の波」は経済のあらゆる側面を包含するようになり、労働市場を「劇的」に変革することになるだろうと論じている。[11] 彼らは、社会主義政府だけがポスト労働もしくはポスト希少性社会を創り出すことによって完全なオートメーション化という約束を実際に果たすことができると主張する。ピーター・フレイズは『四つの未来』のなかで、このようなポスト希少性社会がもたらしうるさまざまなシナリオについて注意深く検討している。彼によれば、労働の希少性が克服された社会であっても残り続ける可能性のある二つの要素、つまり私的所有が維持されるか否か、そして、資源の希少性に苦しめられるか否かによって、シナリオが決まるのである。[12]

リベラルなオートメーション言説の提唱者と同様に、こうした左翼の著者たちは、たとえ高度なロボット工学の到来が不可避だとしても、「ポスト労働世界へと進む必然性はない」ことを強調する。[13] スルニチェク、ウィリアムズ、フレイズはいずれもUBIの支持者であるが、彼らの提唱するUBIは左翼的な変種である。彼らにとって、UBIは「完全自動のラグジュアリー・コミュニズム」への橋渡しとなるものである。これは、アーロン・バスターニが二〇一四年に社会主義的政治の実現可能な目標として名付けた言葉であり、バスターニの著書が最終的に出版されるまでの五年の間にミームとして広まった。バスターニはこの著書のなかで、人工知能、太陽光発電、遺伝子編集、小惑星の採掘、人工培養肉といったものが無限の余暇と自己発明に満ちた世界を生み出すというオートメーション化した未来を描き出している。[14]この著作は、集団的な自己犠牲や反消費主義的な緊縮を求める左翼のレトリックにたいする平衡錘〔重い物を持ち上げる作業でバランスを取るためにつける重り〕として大いに必要なものであった。

繰り返される不安

政治的スペクトラムのあらゆる位置から提起される未来に関するこれらのビジョンは、技術変化の道筋についてのひとつの共通した予測に基づいている。むしろ、オートメーション言説に特徴的なそうした確信は、パンデミック不況のさなかに強まるばかりである。オートメーション論者たちは、技術変化それ自体は（少なくとも今は）失業の原因ではないものの、パンデミックの拡大がさらにオートメーション化した未来への移行を早めると主張する。パンデミックによって失われた仕事が戻ることはない。なぜなら人間とちがって、料理をし、掃除をし、リサイクルをし、買い物をし、介護をするロボットはコロナウイルスに感染することも、他人に感染させることもないからだ。[15]では、このようなオートメーション論者の主張は正しいだろうか？

この問いに答えるには、二つの作業用の定義が役に立つ。オートメーション化は、その技術がたんに人間の生産能力を増強するのではなく、人間労働を**完全に代替する**という点でほかの形態の省力化のための技術革新と区別される。労働能力を増大させる技術を用いる場合、その職種はそのまま存在し続けるが、その職種の労働者ひとりひとりの生産性は向上するだろう。たとえば、自動車の組み立てラインに新しい機械を導入すれば、ライン作業は効率化するが、ライン作業そのものは廃止されない。同じ台数の自動車を生産するにあたって、これまでより少ないライン労働者が必要であることになるだろう。このような技術革新が雇用破壊につながるかは、自動車産業における生産性とアウトプットの相対的な成長速度に依存する。もしアウトプットが労働生産性よりもゆるやかに成長するのであれば（これは以下で見るようにありふれた事態である）、雇用数は減少する。このことは、オートメーション化と関係なく成り立つ。これにたいして、カート・ヴォネガットが小説『プレイヤー・ピアノ』で示唆したように、完全に「ある職種がパッと消え去ってしまった」[16]ときには、真のオートメーション化が起きているのである。今後、どれほど生産が拡大しても、電話交換手や圧延機の手動操作者が必要になることはない。ここでは、機械が人間の労働を完全に代替しているのだ。

職場のオートメーション化の未来にかんする議論の多くは、現在ないし近い将来の技術が、その性格上、労働を代替するものなのか、それとも、労働を補強するものなのかという、その程度を評価することに向けられている。しかし、これら二種類の技術革新を区別することは想像以上に難しい。たとえば、小売業者が四台のセルフレジを導入し、それを一人の労働者が見張って定期的に調整した場合、レジ打ちは職業として消滅したのだろうか？　それとも、一人のレジ打ちがいまや四台のレジを操作していることになるのだろうか？　この問題について極端な立場をとっているのが、オックスフォード・マーティン・スクールの有名な研究であり、それによれば米国では仕事の四七％がオートメーション化のリスクに晒されているという。経済協力開発機構（ＯＥＣＤ）の最近の研究は、仕事の一四％が高いリスクを抱え、さらに別の三二％の仕事が、労働代替的ではなく労働補強的なイノベーションの結果、その遂行の仕方に重大な変化が起こるリスクを抱えていると予測している。[17]

じっさい、どちらのタイプの技術革新においても、多くの労働者が仕事を失うことが予測されうる。しかし、こうしたリスクを最も高く見積もる立場においてさえも、過去との質的な断絶が起こっているかは明らかでない。ある集計によると「一九六〇年代に労働者がおこなっていた仕事の五七％は今日もはや存在していない」[18]。他の形態の技術的変化と並んで、オートメーション化は時代をつうじて雇用喪失の原因であり続けた。ここでの問題は、新たなオートメーション技術が将来さらに雇用を破壊するかどうかということではない（答えは明らかにイエスである）。これらの技術――高度なロボット工学、ＡＩ、機械学習――が雇用破壊の速度を増大させ、新たな雇用を創出する速度を低下させることによって、ますます多くの人々がすでに永久的な失業状態に陥っているのかが問題なのである。

そして、もしそうだとすれば、それは資本主義経済の通常の機能を完全に覆してしまうことになる。オートメーション理論の基礎となっているこの見解は、一九八三年に、ノーベル賞経済学者ワシリー・レオンチェフによって最も端的に述べられている。彼によれば、「自動的な価格メカニズムが効果的に作用することは」近代テクノロジーのひとつの独自な特徴に、すなわち、それが「前例のない総生産量の増加」をもたらしたにもかかわらず「ほとんどの種類の生産プロセスで、人間労働の支配的役割を強化した」という特徴に「決定的に依存している」[19]。つまり、テクノロジーは労働そのものを不要とすることなく、労働者の生産性を高めてきたのである。労働者が賃金を稼ぎ続けるかぎり、彼らの商品への需要は有効である。技術的なブレイクスルーは資本主義社会をつなぎとめているこの脆弱なピンをいつ破壊してもおかしくない。たとえば、汎用ＡＩによって一挙に多くの職業がなくなってしまい、大量の労働者がどんな低賃金でも雇われなくなるかもしれない。そうなると、人口の大部分の選好にかんする情報が市場から消滅してしまい、市場が機能しなくなる。オートメーション論者はこうした見解に基づいて（そしてそうしたブレイクスルーが今起きていると付け加えることで）、資本主義は一時的な生産様式であり、賃労働や貨幣を媒介した交換を中心として組織されない新しい生活形態に道を譲ることになる、と論じることが多い[20]。

オートメーション化は資本主義社会に不変の特徴かもしれないが、同じことは、技術変化の具体的事例から社会変革のより一般的な説明を導き出そうとする、来るべきオートメーション時代についての理論にはあてはまらない。むしろ、そうした理論は近代史のなかで周期的に登場してきたのである。来たるべきオートメーション時代にたいする興奮は、少なくとも一九世紀半ばにまで遡ることができる。一八三二年にチャールズ・バベッジが『機械およびマニファクチュア経済論』を、一八三三年にはジョン・アドルフス・エッツラーが『万人の手に届く労働なき楽園』を、一八三五年にはアンドリュー・ユアが『マニファクチュアの哲学』を出版している。これらの本は、大部分が、あるいは全てが自動化された工場の出現が差し迫っており、人間労働は最小化されるか、監督労働だけになると予測していた。このビジョンはマルクスに大きな影響を与えており、彼は『資本論』のなかで、相互作用する機械の複雑な世界が人間労働を経済生活の中心から放逐する過程にあると論じている。[21]

工場のオートメーション化というビジョンは、二〇一〇年代に再登場するまえに、一九三〇年代、一九五〇年代、一九八〇年代にも現れた。いずれの場合も、そのビジョンの登場と同時に、あるいはやや遅れて、社会を再編成しないかぎり防ぐことのできない「破滅的な失業と社会的崩壊」の時代が到来するという予測が現れた。[22] オートメーション言説の周期性を指摘することは、それにともなう社会ビジョンが退けられるべきであるということを意味しない。ひとつには、オートメーション言説が予見するような技術的ブレイクスルーはいつ起こってもおかしくないからだ。この主張が過去に間違っていたとしても、未来でも必ず間違っているとは限らない。またそれ以上に、こうしたオートメーション化のビジョンは明らかに、社会的な意味で、新しいものを生み出す力を持っていた。すなわち、それらは資本主義社会の内部に潜んでいる、ある種のユートピア的な可能性を指し示しているのである。じっさい、二〇世紀の最も先見性のある社会主義者のなかには、ヘルベルト・マルクーゼ、ジェームズ・ボッグス、アンドレ・ゴルツなど、自らがオートメーション論者であったり、そこから着想を得た人々がいたのである。

オートメーション理論は、その周期性を考慮すると、資本主義社会における自然発生的な言説として論じることもできるかもしれない。こうした言説は、構造的な理由と偶発的な理由が入り混じりながら、各々の時代においてその社会の限界を突破する考え方として繰り返し立ち現れている。オートメーション言説を周期的に呼び起こすのは、労働市場の機能にたいする深い不安、すなわちあまりにも多くの人々にたいしてあまりにも少ない雇用しか存在しないことへの不安である。なぜ市場は仕事を必要とする多くの労働者のためにそれを提供できないのか？　オートメーション言説の支持者たちは、この労働需要の低迷を技術革新の暴走という観点から説明するのである。[23]

あまりに少ない雇用

こんにちオートメーション言説が広く注目を集めているとすれば、それはオートメーション化の帰結とされているものが私たちの周りにあふれているからである。すなわち、グローバル資本主義は雇用を必要とする多くの人々にそれを提供することができて**いない**のである。言い換えれば、労働需要の低迷がしつこく持続してきたということであり、これは失業統計には十分に反映されていない。[24] 労働需要の低迷は不況時における失業率の急上昇（二〇二〇年のパンデミック不況のような）や雇用なき景気回復（パンデミック不況の後にも繰り返されると思われる）に反映されてきた。[25] だが、低い労働需要は不完全雇用の増加にも反映されてきたのであり、それは一年間の総所得のうち利潤ではなく賃金として分配される割合が減少していることから見て取れる。[26] 主流の経済学者たちは、労働分配率が安定していることは経済成長の定型化された事実であり、経済発展の利益が広く分配されることを保証するものだと長いあいだ考えてきた。しかし、教育水準の向上や健康の増進という形態での、いわゆる人的資本への大規模な投資にもかかわらず、G7諸国において総所得に占める労働分配率は数十年にわたって低下している（図1-1）。

こうした変化が示しているのは、労働者の交渉力が大幅に低下しているという事実である。さらに、賃金上昇は高額所得者（悪名高き一パーセント）にますます偏ってきているのだから、典型的な労働者たちはこれらの統計が示すよりも厳しい現実に直面していることになる。労働生産性の平均成長率と賃金の平均成長率の差が拡大し、収入に占める労働分配率を累積的に低下させているだけでなく、平均賃金の成長率と賃金の中央値の成長率の差も拡大しており、これは労働所得の配分が生産労働者や非監督労働者から管理職やCEOへとシフトしていることを示している。その結果、多くの労働者は経済成長の恩恵に与ることがほとんどできていない[27]（図1-2）。このような状況のもとでは、経済的不平等の拡大を抑えることができるのは再分配プログラムの力だけであろう。だが、「社会的連帯の政治」は時代とともに弱体化してきている[28]。経済学者のデビッド・オーサーやロバート・J・ゴードンといったようなオートメーション言説に批判的な人々でさえ、こうした傾向、すなわち経済がうまく機能しておらず労働需要の低下を招いているといった事態に困惑している[29]。

オートメーション理論の提唱者たちが示唆するように、労働需要の低さは急速な技術変化が原因なのだろうか？　私は、オートメーション理論の批判者とともに、そうではないと主張するであろう。しかし同時に、私はオートメーション理論の批判者たちも批判するであろう。というのも、彼らは、高所得国に当てはまる仕方でしか頑強な労働需要の低さにたいする説明を与えることができず、グローバルな規模での労働需要の低迷という問題

図1-1　G7諸国における収入に占める労働分配率（1980年～2015年）

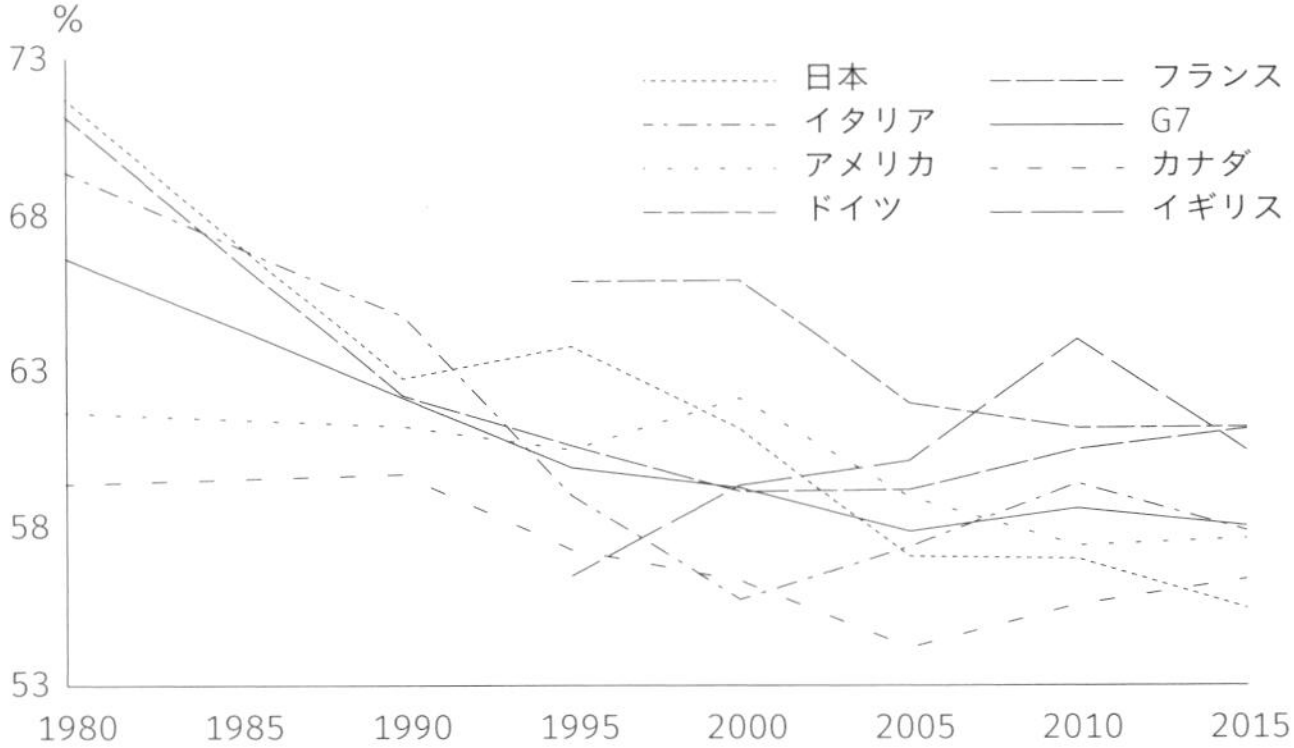

出典：OECD Compendium of Productivity Indicators, 2017, Chapter 1, Figure 1.8.

図1-2　OECD諸国における生産性と賃金間のギャップ（1995年～2013年）

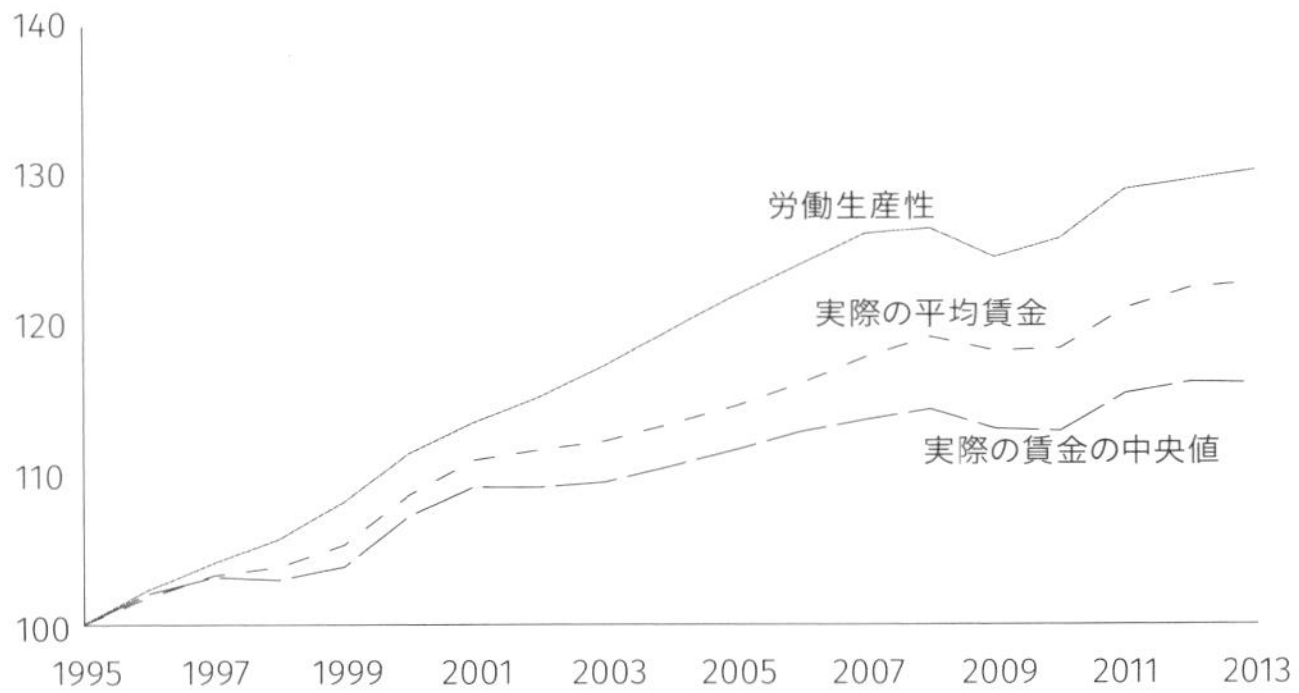

注：1995年を100とした、以下の24カ国における雇用加重平均。フィンランド、ドイツ、日本、韓国、アメリカ、フランス、イタリア、スウェーデン、オーストラリア、ベルギー、イギリス、オーストラリア、スペイン、チェコ、デンマーク、ハンガリー、ポーランド、オランダ、ノルウェー、カナダ、ニュージーランド、アイルランド、イスラエル、スロバキア。より詳細な情報については「OECD Economic Outlook」を参照せよ。
出典：OECD Economic Outlook, Volume 2018, Issue 2, Chapter 2, Figure 2.2.

に対応するような、ラディカルな社会変革のビジョンを生み出すことができないからだ。この問題こそは世界経済を長らく苦しめてきたものであり、新型コロナウイルスによって、今後数年間でさらに悪化する可能性が高いのである。予め断っておくが、私は、その批判者たちよりも、左翼のオートメーション言説に共感している。

たとえ説明が十分なものでないとしても、少なくともオートメーション論者たちは人々が労働需要の恒常的な低迷という現実の問題に注目するよう促してきた。彼らはまた、この問題にたいして、概して解放的な性質をもつ解決策を想像することに力を注いだという点でも優れている。オートメーション論者たちは後期資本主義におけるユートピア思想家なのだ。[30] 世界的なパンデミック、不平等の拡大、頑強な新自由主義、民族ナショナリズムの再興、そして不気味に立ちはだかる気候変動の脅威に揺れる世界において、オートメーション論者たちは、解放的な未来のビジョンによって破局を乗り越えようとしてきた。それは、人類がその歴史において、その意味するところが何であれ、次のステージに進み、テクノロジーによって私たちすべてが解放され、自分たちの情熱を発見し、それに従うことが可能になるようなビジョンである。もっとも、過去のユートピア思想家と同様に、これらのビジョンは、建設的な社会変革がどのようにして起こるのかということについての彼らのテクノクラート的な幻想から解放される必要がある。

オートメーション言説に応答して、以下の章では四つの反論を展開する。第一に、過去数十年間の労働需要の低下は、技術革新の前代未聞の飛躍によるものではなく、これまで通りの技術変化が経済停滞の深刻化という環境において起きたことによるものである。第二に、こうした労働需要の低迷は、大量失業ではなく持続的な**半失業**として現れる傾向にある。第三に、結果として生じる低賃金労働者の世界は、エリートたちに受け入れられ、歓迎さえされ続けるであろう。それゆえ、技術が進歩したとしても、自動的にＵＢＩのようなテクノクラート的解決策が採用されることには決してならないであろう（一方で、たとえＵＢＩが導入されたとしても、巨大な不平等の世界を解体する手助けになるよりも、それを支えてしまう可能性のほうがはるかに高い）。第四に、生産の完全な、あるいはほぼ完全なオートメーション化が起こらなくとも、私たちは潤沢な世界を創出することができるかもしれない。そのとき、そこにたどり着くための筋道は、行政的な介入ではなく社会的な闘争であろう。

歴史的に見れば、社会政策の大きな転換は共産主義や文明の崩壊の脅威といった巨大な圧力のもとでのみおこなわれてきた。今日、政策の改革が起こるとすれば、社会秩序の基本構造を変革することを目指すあらたな大規模な社会運動の圧力にたいする応答としてであろう。私たちは、そうした運動を恐れずに、その運動の一員として、その目標と進むべき道を明確にするための手助けをしなければならない。この運動が敗北すれば、最大の獲得物はおそらくＵＢＩとなるであろう。しかし、そうした分配の改革は私たちの目標ではない。私たちが目指すべきはポスト希少性の世界であり、たとえ完全なオートメーション化が達成できないとしても（あるいは望ましいものですらないとしても）、先端技術の存在はそうした社会を実現する手助けとなるであろう。

オートメーション言説の復活は、これまでと同様に、時代の徴候である。雇用の需給ギャップがあまりにも大きくなり、多くの人々が細切れの仕事に殺到し、市場によって規制された社会の生存能力に疑問を抱き始めるとき、オートメーション言説は立ち現れる。新型コロナウイルスの発生以前から、労働市場メカニズムの崩壊は過去に例を見ないほど極端なものであった。その原因は、過去半世紀にわたりグローバルな規模で経済成長率が鈍化するなかで、世界人口のうちのより多くの割合を占める人々がその生存のために労働（あるいは労働の単純生産物）の販売に依存するようになったことにある。スタンダードな経済分析よりも近未来ＳＦのディストピアのほうが私たちのいまの現実を適切に描いている。惑星の気温は上昇し、露天商や人力車を引く人々の頭上を小型ドローンが飛び交い、富裕層が警備つきの空調管理されたコミュニティに住む一方で、それ以外の人々は先の見込めない仕事やスマートフォンのゲームで時間を潰している。私たちは、こうしたタイムラインから別のタイムラインへと抜け出さなければならないのだ。

ポスト希少性の未来——そこでは生を営むうえで必要なあらゆるものへのアクセスが例外なく万人に保証される——は、人類が気候変動と戦うための基盤となりうるだろう。またそれは、ジェームズ・ボッグスが言うところの「人類の歴史上初めて多くの人々が、次の食事はどこからくるのかという恐れに束縛されることなく、自由に探求し、熟考し、創造し、学習し、教育することができる」[31]ような条件を創出することで、私たちが世界を作り変えていくための基盤にもなりうる。このポスト希少性の未来への道を見出すためには、オートメーション論者たちが認識しているように労働と所得との関係を断ち切るだけではなく、多くの人々は認識していないが、利潤と所得との関係をも断ち切ることが必要なのである。

2

労働のグローバルな脱工業化

技術による雇用破壊が広く社会に影響を与えるようになれば、高所得国で七四%、全世界で五二%の雇用を吸収しているサービス部門の雇用は消滅するはずである。[1] それゆえ、オートメーション言説を吹聴する人々は小売、輸送、外食などの「サービス部門におけるオートメーション化の新たな形態」に注目する。そこでは、注文を取ったり、棚に商品を並べたり、車を運転したり、ハンバーガーをひっくり返したりする機械の軍勢によって進行する「ロボット化」が「蒸気圧を高めている」という。数年間の教育や訓練を要するものも含め、さらに多くのサービス部門の雇用が、今後、人工知能の進歩によって時代遅れになると言われている。[2] もちろん、こうした主張の大部分は、テクノロジーが将来の雇用パターンに与える影響を予測したものに過ぎない。そのような予測は当たらないこともある。たとえば、二〇二〇年一月の第一週にサンフランシスコ・ベイエリアにあるエスプレッソとハンバーガーのロボット開発企業が休業や撤退を余儀なくされたように。[3]

オートメーション論者は、自説を論証する際に、サービス部門でも起こりつつある事態の前例として製造業を挙げる。製造業では雇用の終焉がすでに始まっているのだ。[4]したがって、このような主張を評価するにあたっては、製造業においてオートメーション化が演じてきた役割を確認することから始めるのが妥当である。工場では「機械の稼働環境を根本的に簡素化し、自動操業を可能にする」ことができるのだから、結局のところ、製造業がオートメーション化に最も適合的な産業部門なのである。[5]産業用ロボット工学の歴史は古く、最初のロボットである「アルティメット」がゼネラルモーターズの工場に設置されたのは一九六一年だった。しかし、一九六〇年代末まで、製造業について研究していた学者たちは、長期の技術的失業に対するラダイト的恐怖を一笑に付すことができた。製造業の雇用が最も急速に拡大したのは、まさに技術革新が最も急速に進んだ部門だったのである。その理由は、まさにそのような部門において、価格が急激に下落して商品需要が拡大したためであった。[6]そのような時代はとうの昔に過ぎ去った。過去五〇年のあいだに、特定の部門だけでなく、ほとんどの国の製造業全体で、工業化は脱工業化に道を譲ったのである。[7]

学術書において、脱工業化は「雇用全体における製造業のシェアの低下として定義されるのが最も一般的」である。[8] 製造業のシェアの低下はまず高所得国において、一九六〇年代末から一九七〇年代初頭にかけて始まった。製造業は、一九七〇年時点でアメリカ合衆国の全労働者のうち二二%を雇用していたが、二〇一七年にはこの割合はわずか八%に低下している。同じ期間に、フランスでは製造業の雇用シェアが二三%から九%に、イギリスでは三〇%から八%に下がった。日本やドイツ、イタリアでも、比較的小規模ではあったものの、かなりの低下が起きており、日本では二五%から一五%に、ドイツでは二九%から一七%に、イタリアでは二五%から一五%に下がっている。どの国でも、シェアの縮小は製造業における総雇用者数の減少につながった。米国、ドイツ、イタリア、そして日本では、製造業の総雇用者数は戦後の絶頂期のほぼ三分の一の減少が起こり、フランスでは五〇%、イギリスでは六七%減少した。[9]

これら高所得国における脱工業化は、生産拠点が海外に移転したことの結果だと一般的には考えられている。たしかに、海外移転は世界最大の貿易赤字を誇る米国とイギリスの脱工業化の要因となってきた。しかし、米国とイギリスも含め、これまで挙げたどの国でも、製造業における雇用喪失はそのアウトプットの絶対的減少とは結びついていない。それどころか、実質付加価値で見た場合、製造業の生産量はアメリカ合衆国でも、フランス、ドイツ、日本、イタリアでも、一九七〇年から二〇一七年のあいだに倍以上に増加している。このグループのなかでは製造業が最も振るわなかったイギリスでさえ、同じ時期に製造業の実質付加価値は二五%上昇した。たしかに、低所得国と中所得国は高所得国への輸出向けの商品をますます多く生産している。しかし、高所得国における脱工業化はたんに生産能力が低所得国と中所得国に移動したことの結果ではない。なぜなら、高所得国は二〇一〇年代末には過去のどの時期よりも多くの商品を生産していたからである。オートメーション論者の予想通りに、より多くの製品がより少ない労働者によって生産されているのである。

評論家たちが、先進諸国産業における雇用喪失の主要な原因として、海外からの低コストの輸入品の流入ではなく、労働生産性の急速な上昇を指摘するのは、こうした背景があるからだ。[10] しかし、より詳しく検討すると、この説明も妥当ではないことが明らかになる。製造業の生産性はここ数十年ものあいだ伸び悩んでおり、「コンピュータ時代の到来はいたるところで実感できる。だが、生産性の統計には表れていない」と経済学者のロバート・ソローに言わしめたほどである。[11] オートメーション論者も、自説を展開する際に、この「生産性のパラドックス」をとりあげ、それを商品需要の少なさや低賃金労働者の継続的な利用可能性によって説明するが、彼らはその問題の真の重要性を理解できていない。その一因としては、米国の製造業の労働生産性が外観上は安定的に伸びており、一九五〇年以降は平均で年率三％前後の成長率を示していることがある。このことを根拠として、エリック・ブリニョルフソンとアンドリュー・マカフィーは、成長率の上昇にではなく、指数関数的成長の複利効果にオートメーション化の影響を読み取るのである。[12]

しかしながら、米国の公式統計における製造業の成長率は、処理速度の高いコンピュータの生産を生産量の増加に相当するものとして計上しているために、著しく誇張されている。[13] このため、政府統計では、コンピュータ部門と電子機器部門の生産性は、一九八七年から二〇一一年にかけて、毎年平均一〇％以上という急速なペースで上昇している。同じ時期に他部門の生産性の伸び率が年二％前後に低下していたにもかかわらずである。[14] 二〇一一年以降、製造業全体でトレンドが悪化し、二〇一七年の雇用者一人当たりの実質アウトプットは二〇一〇年よりも低くなった。製造業における生産性の伸び率は、オートメーション論者によれば、先進的なテクノロジーによって急速に上昇しているはずの時期に、暴落したのである。

統計を修正すると、米国の製造業の生産性の伸び率は、戦後の絶頂期から著しい下落を経験したドイツや日本などの国のパターンに近いものになる。ドイツでは、製造業の生産性は一九五〇年代から六〇年代にかけて毎年平均六・三%上昇したが、二〇〇〇年から二〇一七年にかけては二・四%に下落した。このような下降傾向は、キャッチアップ型の急速な成長期を過ぎた結果として、ある程度は予想されていたものである。しかし、ドイツや日本が産業用ロボット工学の分野では米国よりも先行していたことを考えると、この傾向はオートメーション論者にとってはやはり驚くべきものであるに違いない。実際、カリフォルニアにある大部分がオートメーション化されたテスラの自動車工場で使われているロボットは、ドイツのロボット開発企業によって製造されたものである。[15] 二〇一六年の時点で、ドイツと日本の企業は、アメリカ合衆国の企業と比較して、産業用ロボットを労働者一人あたり約六〇%多く使用していた。[16]

しかし、製造業における精彩を欠いた生産性の伸び率にもかかわらず、脱工業化はこれらのすべての国で進行し続けた。すなわち、脱工業化はオートメーション論者の予想通りに起きたが、しかし別の原因から生じたのである。この脱工業化の原因を詳細に究明するために、以下の定義をしておきたい。**アウトプット**は、これまで使用された場合にも、以下で使用する場合にも、一定の経済部門における生産量（どれだけ生産されたか）を実質の、すなわちインフレ調整済みの「付加価値」として示したものである。[17] 国内総生産、すなわちGDPは、たんなる経済全体の付加価値である。**雇用**は、本書で用いる場合には、労働者の数を示す指標であり、労働の時間の指標としては用いない。後者は裕福な国以外では参照できないからである。他方、**生産性**は、雇用にたいするアウトプットの割合である。労働者一人当たりのアウトプットが多ければ、労働者の生産性は高くなる。どの経済部門においても、アウトプットの伸び率（ΔO）から労働生産性の伸び率（ΔP）を引いた値は雇用の伸び率（ΔE）に等しい。したがって、「$\Delta O - \Delta P = \Delta E$」となる。[18] この公式は定義上、真理である。自動車産業のアウトプットが年率三％上昇し、生産性が年率二％上昇した場合、雇用は年率一％上昇したことになる（3－2＝1）。これとは逆に、アウトプットが年率三％、生産性が年率四％上昇した場合、雇用は年率一％縮小したことになる（3－4＝－1）。

フランスの製造業におけるアウトプットの伸び率の内訳から、高所得国の典型的なパターンを把握することができる[19]（**図2-1**）。戦後のいわゆる資本主義の黄金時代に、フランスの製造業における生産性の伸び率は現在よりも遥かに高く、一九五〇年から一九七三年にかけては平均で年率五・二％であったが、アウトプットの伸び率はさらに高く、年率五・九％であった。その結果、雇用も年率〇・七％のペースで着実に成長した。一九七三年以降、アウトプットと生産性の伸び率はどちらも低下したが、アウトプットの伸び率は生産性の伸び率よりも速いペースで下落した。二一世紀初頭までに、生産性は戦後の水準よりも遥かに低い年率二・七％のペースでしか成長しなくなった。しかし、この生産性の低い伸び率も同時期のアウト

図2-1　フランスの製造業（1950～2017年）

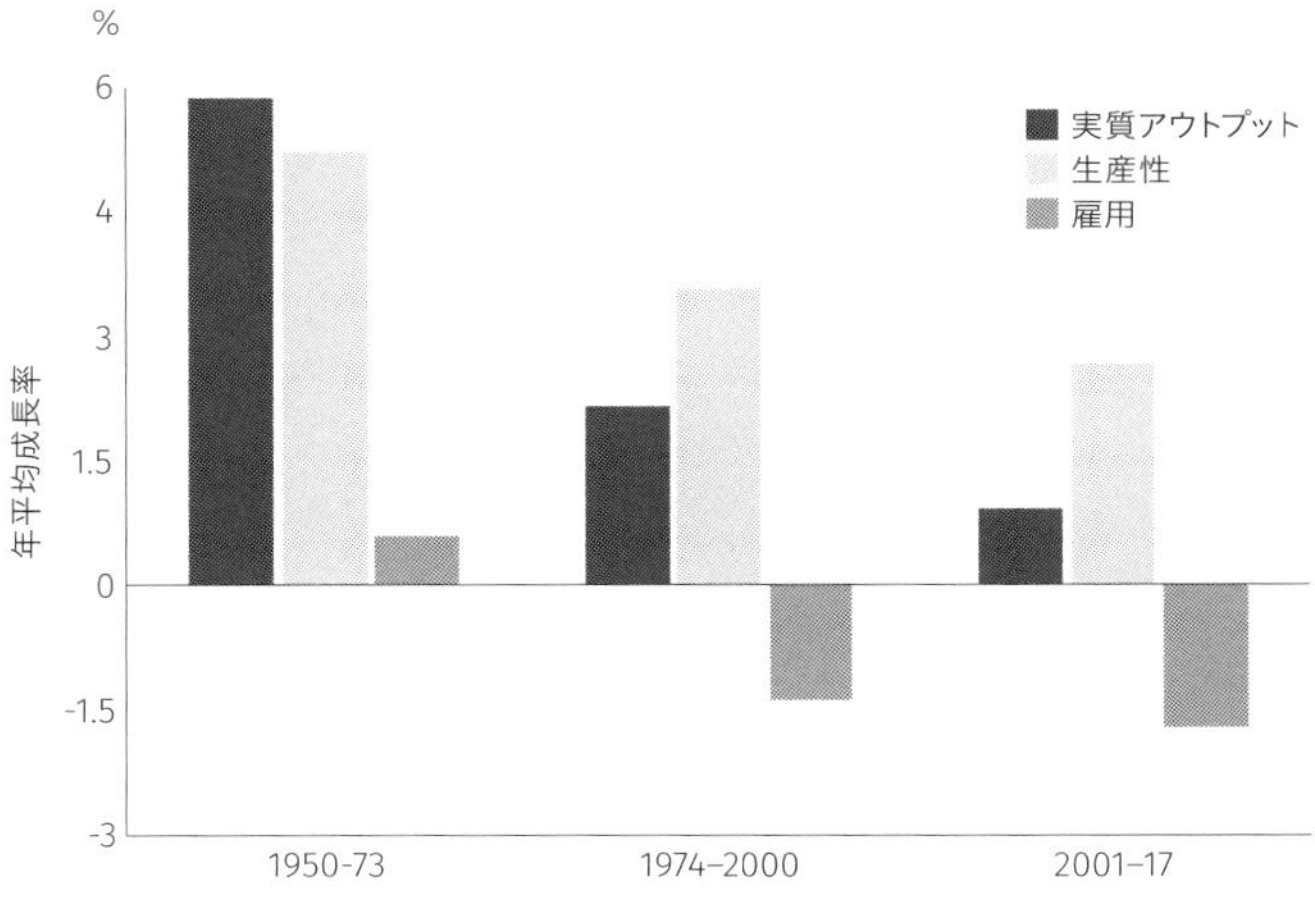

出典：Conference Board, International Comparisons of Productivity and Unit Labour Costs, July 2018 edition.

プットの伸び率の〇・九％よりは高い水準であった。その結果、製造業における雇用は年率一・七％というペースで急速に縮小した。この縮小がおきる前でさえ、脱工業化は技術的には始まっており、製造業における雇用の伸び率が総労働力人口の伸び率をつねに下回るようになると、製造業の雇用シェアは減少を始めたのである。

この内訳は、なぜオートメーション論者が製造業の生産性が速いペースで伸びていると誤認したのかを説明するのに役立つ。生産性の伸び率はアウトプットの伸び率と強い相関を示しているが、それは生産性が以前よりも速いペースで伸びているためではない（もしそうであれば、それはオートメーション化の加速を示す確かな兆候となる）。むしろ、このトレンドの鍵は、アウトプットが以前よりもずっと緩慢にしか成長しなくなってきていることにある。同じパターンは他国の統計にも見られる。製造業の生産水準の絶対的な低下は起こっておらず、ますます多くのものが生産されているが、アウトプットの伸び率の方は低下し、生産性の伸び率を恒常的に下回る状態になっている（表2-1）。各国で産業のアウトプットの伸び率が生産性の伸び率を下回ると、経済的指標の量的低下は質的な影響を及ぼした。製造業の雇用シェアが漸進的に低下したのである。こうして、経済の停滞の深刻化が限定的な技術的ダイナミズムと結びつき、労働のグローバルな脱工業化を生み出したのである。

このようなアウトプット主導の脱工業化は、純粋に技術的な観点から説明することはできない。[20] 経済学者は別の視点を探して、多くの場合、このトレンドを先進的な経済の無害な進化的特徴として扱おうとする。[21] しかし、そうした見方では、彼らの主張する経済の進化的変化が起こっているところで、なぜ一人当たりのGDPにこれほど著しい格差が存在するのかをうまく説明できない。脱工業化は一九六〇年代末から一九七〇年代初頭にかけて高所得国で最初に広がった。これはアメリカ合衆国、ヨーロッパ、そして日本において、一人当たりの所得の格差が縮小していった最後の時期にあたる。それに続く数十年で、脱

表2-1　製造業の伸び率（1950〜2017年）

		アウトプット	生産性	雇用
アメリカ	1950-73	4.4%	3.1%	1.2%
	1974-2000	3.1%	3.3%	-0.2%
	2001-17	1.2%	3.2%	-1.8%
ドイツ	1950-73	7.6%	5.7%	1.8%
	1974-2000	1.3%	2.5%	-1.1%
	2001-17	2.0%	2.2%	-0.2%
日本	1950-73	14.9%	10.1%	4.3%
	1974-2000	2.8%	3.4%	-0.6%
	2001-17	1.7%	2.7%	-1.1%

出典：Conference Board, International Comparisons of Productivity and Unit Labour Costs, July 2018 edition.

工業化は「時期尚早に」中所得国や低所得国にも広がり、一人当たりの所得に大きな格差を生んだ[22]（図2-2）。一九七〇年代末には、脱工業化は南欧に到達し、一九八〇年代と九〇年代には、ラテンアメリカのほとんどの国々や、東アジアや東南アジアの一部、そしてアフリカ南部にも及んだ。貧しい国々の多くでは工業化の水準が低かったため、これらの国々ではそもそも工業化は起こらなかったと言った方が正確かもしれない[23]。

こうして、二〇世紀の終わりまでには、脱工業化のグローバルな波が押し寄せていた。全世界の製造業における雇用の絶対量は一九九一年から二〇一六年にかけて年率〇・四％で増加したが、それは全世界の労働力の増加率よりも遥かに低い水準であったため、雇用全体に占める製造業の割合は同じ期間に三％縮小した[24]。中国は重要な例外であるものの、全体の一部分を占めるに過ぎない（図2-3）。中国の国営企業は一九九〇年代半ばに数百万人の労働者を削減し、製造業の雇用シェアは継続的な下降軌道に入った[25]。中国は、雇用の観点からみれば、二〇〇〇年代初頭から再工業化したと言えるが、二〇一〇年代半ばには再び脱工業化を開始したのである。それ以降、同国の製造業の雇用シェアは著しく下落し、二〇一三年の一九・三％から二〇一八年の一七・二％へと低下した。オートメーション化によっても、先進的な経済の内的進化によっても、脱工業化を説明することができない

図2-2　グローバルな脱産業化の波（1950～2010年）

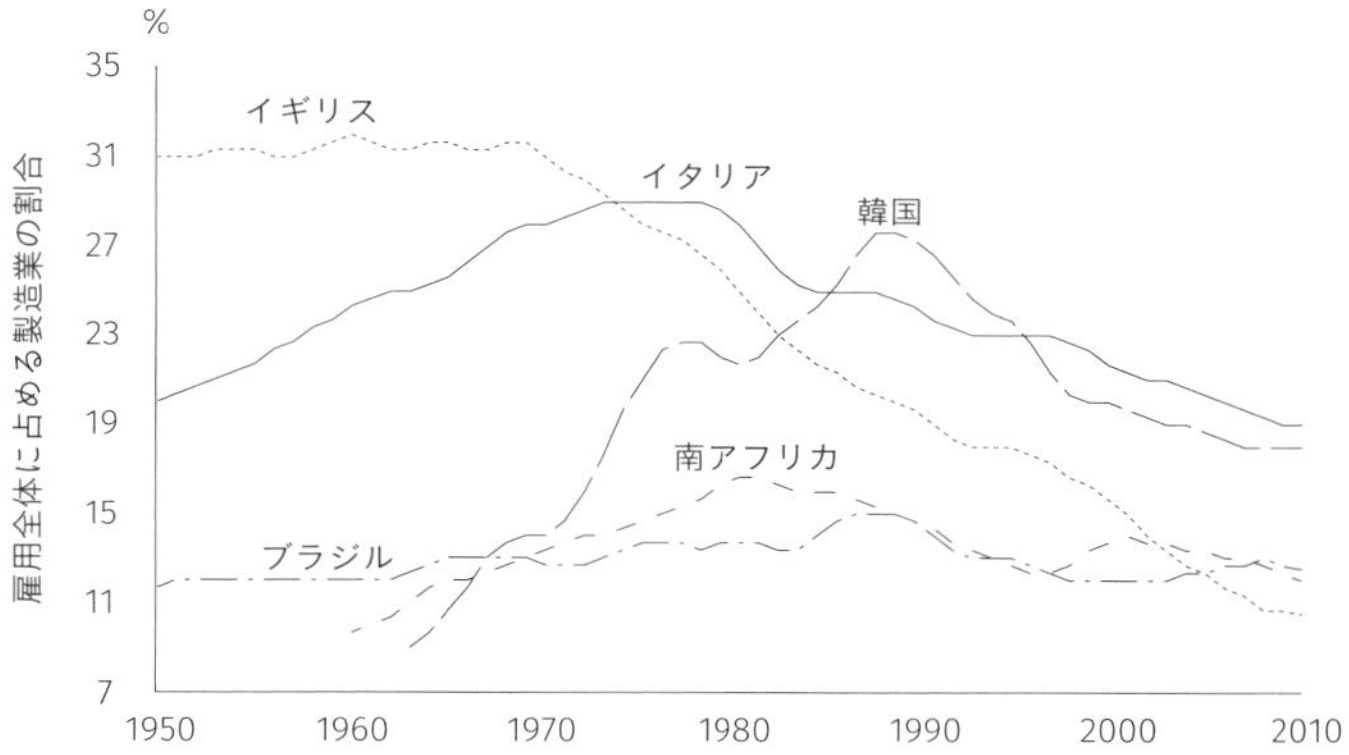

出典：Groningen Growth and Development Centre, 10-Sector Database, January 2015 edition.

図2-3　中国、インド、メキシコの脱産業化（1980～2017年）

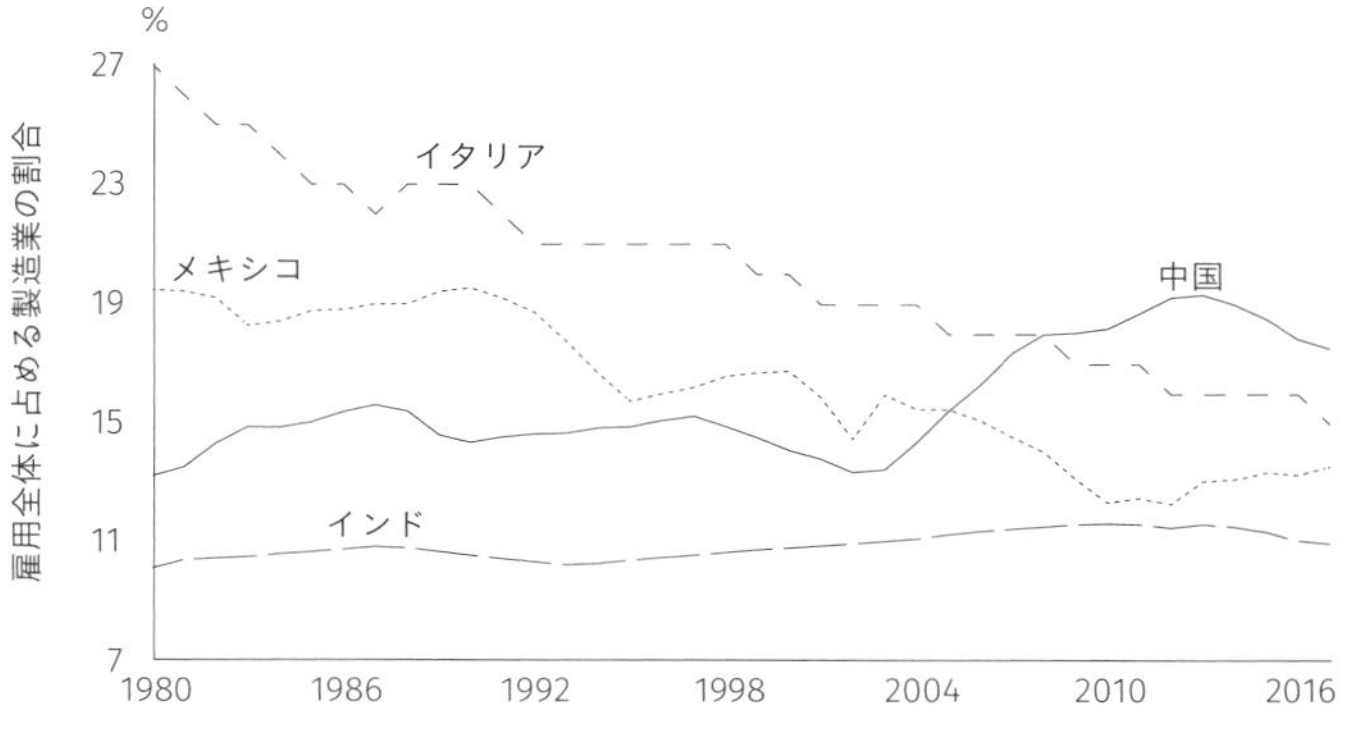

出典：Conference Board, International Comparisons of Productivity and Unit Labour Costs, July 2018 edition.

とすれば、その原因は何であろうか？

製造業の生産能力過剰という病

脱工業化の説明において経済学者が見落としているものは、同時にオートメーション論者の議論に欠けているものでもある。実際のところ、製造業におけるアウトプットの伸び率は、どこか特定の国においてだけでなく、**世界全体**で低下傾向にある[26]（**図2-4**）。一九五〇年代および六〇年代には、世界の製造業の生産は実質価値で年率七・一％拡大した。この伸び率は一九七〇年代には四・八％へ、そして一九八〇年から二〇〇七年のあいだには三・〇％へと下落を続けた。二〇〇八年の危機から二〇一四年までのあいだに、世界全体の製造業のアウトプットは年率一・六％しか増加しなかった。これは、戦後の「黄金時代」に達成したペースの四分の一以下である[27]。注目に値するのは、これらの数字が中国における製造業の生産能力の劇的拡大を含んでいることである。

くり返しになるが、製造業の生産性の伸び率が、実際には以前よりもずっと低下しているにもかかわらず、急速に上昇しているように見える理由は、生産拡大のペースが世界的規模で信じられないほど減速したことにある。オートメーション論者の主張の通り、ますます多くの商品がより少ない労働者によって確かに生産されて**いる**が、それは技術革新が生産性の伸び率を改善したからではない。そうではなく、製造業の生産性の伸びが加速しているように見えるのは、それを測る基準であるアウトプットの伸びそのものが縮小しているからにほかならない。

マルクス主義経済史家ロバート・ブレナーにしたがって、私は、技術の急速な変化にではなく、何よりもまず、世界の製品市場において悪化

図2-4　世界の製造業および農業生産（1950〜2014年）

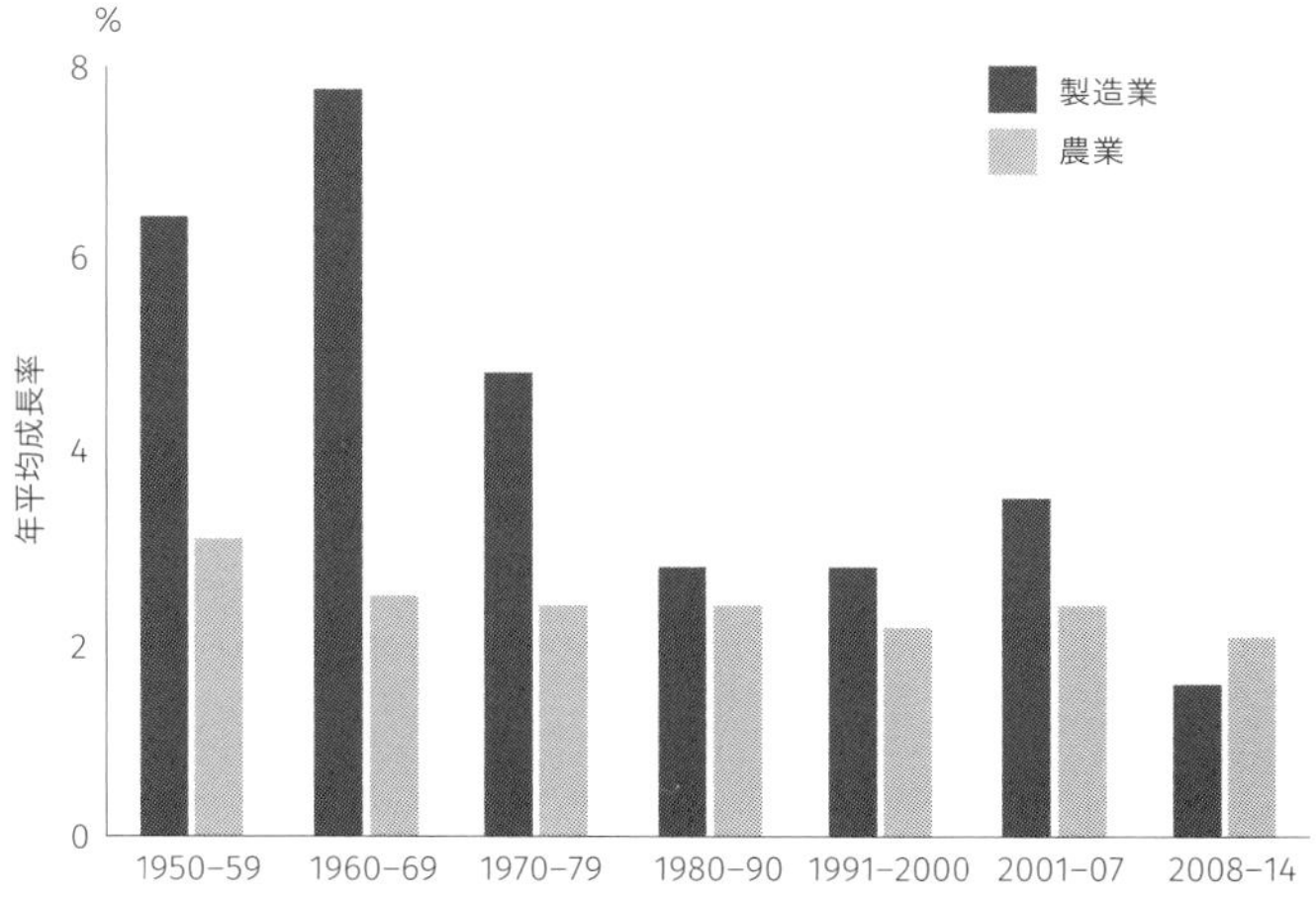

出典：World Trade Organization, International Trade Statistics 2015, Table A1a, World Merchandise Exports, Production and GDP, 1950–2014.

を続けている生産能力の過剰状態にこそ世界的な脱工業化の波の原因があると考えている[28]。生産能力の過剰化は第二次世界大戦後に段階的に進行した。戦後直後のアメリカ合衆国は世界で最もダイナミックな経済活動を行い、最も高度な技術を有していた。一九五〇年の米国経済の一時間当たりのアウトプットはヨーロッパ諸国の二倍以上であった[29]。ヨーロッパや東アジア、東南アジアにおける共産主義の拡大が脅威となるなかで、米国は帝国主義時代の競争相手だったドイツや日本、そして他の「前線」の国々にたいして技術を寛大に提供し、それらの国々をアメリカ中心の安全保障の傘の下に置こうとした[30]。戦後の数十年のあいだに、こうした技術移転はヨーロッパ諸国や日本における経済成長に拍車をかけ、急速な輸出主導型の拡大に道を開いたのである。この戦略は一九四九年の各国通貨の対ドル為替レートの切り下げに支えられており、この通貨切り下げはそれらの国の国際競争力を国内の労働者階級の購買力を犠牲にして向上させるものであった(これは多くのヨーロッパ諸国で政府から左派政党が排除されることになった要因の一つであった)[31]。しかし、ブレナーが論じたように、世界全体で成長を続けた製造業の生産能力は急速に過剰状態に陥り、製造業のアウトプットの伸び率の「長期低迷」を生んだのである。

ここで重要なのは、後年のグローバル・サウスにおける製造業の生産能力の増強だけではない。それに先立つドイツやフランス、イタリア、日本などの国における生産能力の創出も重要である。後者の国々は戦後期における最初の低コスト生産者となり、第一に、世界の工業製品市場におけるシェアを獲得することに成功し、そして第二に、それまでは不可能だった米国の国内市場に進出することにも成功した。低コスト生産者との競争が激化したため、米国産業のアウトプットの伸び率は一九六〇年代末に低下しはじめ、雇用構成の脱工業化をもたらした。米国は輸入の増大に対応するために一九七〇年代初頭にブレトン・ウッズ体制の解体とドルの切り下げによって米国企業の国際競争力を向上させたが、それによって同じ問題が北アメリカと北西ヨーロッパから他のヨーロッパ諸国や日本にも広がった[32]。

これらの高所得国で企業間競争が激化したからといって、さらに多くの国が製造業の生産能力を増大させ、輸出主導型の成長戦略を採用し、世界の製品市場に参入するという動きが抑制されたわけではない。新たに追加された生産能力も国際競争に巻き込まれたため、製造業におけるアウトプットの伸び率の低下とそれにともなう労働の脱工業化は、ラテンアメリカや中東、そしてアジアやアフリカにも広がり、世界経済全体の傾向となったのである。一九八二年の第三世界債務危機の発生後、ＩＭＦ主導の構造調整プログラムが押しつけられていくなかで、脱工業化はグローバル・サウスのほとんどの地域に及んだ。貿易自由化によって貧しい国の国境が輸入品に開放され、金融自由化によって資金が「新興市場」へと流れ込み、それらの国の通貨は大幅に切り上げられた。これらの地域では、市場飽和度が高まるにつれて単位労働コストも上昇し、企業は輸入品と競争することも製品を海外へ輸出することもできなくなった。[33]

脱工業化は技術の進歩だけの問題ではなく、生産力と技術力の世界的過剰の問題でもあったのである。国際市場が飽和するにつれて、産業の急速な拡大は困難になっていった。[34]この問題が世界中に広がっていったメカニズムは、グローバルな製造業市場における物価の停滞である（これは為替レートの変動が国際競争力を大きく左右するようになった理由でもある）。[35]ハーバード大学の経済学者ダニ・ロドリックが指摘するように、資本主義の中心部から発生した「相対価格の変動にさらさ」れた「途上国は、脱産業化を先進国から「輸入」した」のである。[36]

どの国でも、製品価格の停滞によって資本あたりの所得比率が低下（資本の生産性が低下）し、それによって利潤率が下がり、投資率が低下し、アウトプットの伸び率が低下するに至ったのである。[37]このような環境において、企業は市場のシェアをめぐる激しい競争にさらされることになった。成長率全体が低下したため、新興の企業が急速に成長するには既存の企業から市場のシェアを奪うしかなかった。既存の企業はこれに対処するために、グローバル・バリュー・チェーンの頂点に撤退した。一九七〇年代初頭からの生産性の伸び率の低下がアウトプットの伸び率の低下と比べて緩やかだった理由も、生産能力の過剰から説明することができる。自社製品の需要が伸び悩む中でも他社と競合するために、企業は生産性を可能な限り上昇させようとしたのであり、それができない企業は倒産し、統計上の平均値から消えることになった。[38] 以前よりは鈍い速度であったものの、技術革新の進展によって製造業全体での雇用喪失が起こった。[39] 各国でアウトプットの伸び率は生産性の伸び率の水準へと(そして多くの場合はそれ以下に)落ち込み、脱工業化は全世界に広がったのである。

グローバルな脱工業化の波を、産業のオートメーション化ではなく、生産能力の過剰から説明することによって、これまで逆説的な事態にみえていた現象の多くが理解できるようになる。たとえば、生産能力の増大は、脱工業化が新たな省力化技術の開発努力だけでなく、環境負荷が高くなりやすい、巨大な労働集約的サプライチェーンの構築をともなって進行したことの理由を説明する。[40] この現象にとっての重要な転機は一九六〇年代である。

日本とドイツの低コスト製品がアメリカ合衆国の国内市場に進出し、同国の輸入浸透率を六〇年代半ばの七％弱から七〇年代初頭の一六％にまで急上昇させたのである。[41]このときから、労働生産性の高さは、もはや低賃金の国との競争に対抗する盾としては役立たないことが明らかになった。こうした状況にもっともうまく対応したのは、生産をグローバル化した企業であった。価格競争にさらされた米国の多国籍企業は国際的なサプライチェーンを構築し、労働集約的な生産工程を海外に移転させ、サプライヤー同士の競争を促すことで低価格を実現したのである。[42]一九六〇年代半ばには、台湾と韓国に最初の輸出加工区がつくられた。サンノゼ地域でコンピュータチップを製造していたシリコンバレーでさえ、生産拠点を低賃金地域に移転させ、環境規制や労働者の安全規制の緩さに助けられながら低レベルの技術を活用した。[43]ドイツや日本の多国籍企業も、新たな輸送技術や通信技術を駆使しながら、これと同様の戦略を採用した。[44]

世界のなかで最も豊かな経済圏は、生産のグローバル化によって製造業の生産能力を維持することはできたが、労働の脱工業化の全般的な流れを覆すことはできなかった。サプライチェーンが世界中に張り巡らされると、ますます多くの国の企業が世界的な市場競争の渦に飲み込まれていった。いくつかの国では、このような変化にともなって新工場用地の移動が起こった。国内向けの商品を生産していたラストベルトが衰退し、代わってグローバルなサプライチェーンに組み込まれたサンベルトが劇的に拡大したのである。デトロイトを犠牲にしてチャタヌーガが、メキシコシティを犠牲にしてファレスが、中国東北部を犠牲にして広東省が成長した。[45] しかし、世界市場の拡大が全般的に鈍化していたため、このような世界市場志向の転換は良い結果を生まなかった。サンベルトの発展はラストベルトの衰退を相殺することができず、グローバルな規模で脱工業化が起こったのである。

また、製造業における生産能力のグローバルな過剰状態は、ロボット化に高い水準で成功した国々が最も深刻な脱工業化を経験した国々ではなかった理由も説明する。製造業における労働者一〇〇〇人当たりのロボットの台数で見ると、二〇一六年時点で、アメリカ合衆国（一九）やイギリス（七）と比べて、韓国（六三）、ドイツ（三一）、日本（三〇）の方が完全なオートメーション化に向かって遥かに進んでいた。しかし、同じ年の製造業の雇用シェアは韓国（一七％）、ドイツ（一七％）、日本（一五％）の方が米国（八％）やイギリス（八％）よりも著しく高かった。激しい国際競争のなかで、ロボット化の進展が国際競争力の向上をもたらし、企業は自社製品の世界市場におけるシェアを勝ち取ることができたのだ。アメリカ合衆国の労働者とは異なり、ヨーロッパや東アジアの企業の労働者はオートメーション化を雇用の保護に役立つものと考えている[46]。中国企業もグローバルな製品市場にとっての重要なプレイヤーとなっており、中国の産業部門はアウトプットと雇用の両方を大きく伸ばしてきた。しかし、この分野での中国企業の躍進はロボット化によるものではない。中国は、二〇一六年時点で、製造業の労働者一〇〇〇人当たり七台のロボットしか設置していない。むしろ、中国企業の躍進は、低賃金、中程度から高度の技術、そして強力なインフラの組み合わせによるものだったのである。ただし、その結果は同じだった。中国は経済全体の生産能力の過剰状態と低成長率にもかかわらず、アメリカ合衆国だけでなくメキシコやブラジルなどの国の企業からも市場シェアを奪うことで、急速に工業化したのである。この流れは必然だった。平均成長率が低い条件下で企業が高い成長率を達成するには、競争相手から市場シェアを奪うしかない。賃金水準が上昇したときに中国がその競争力を維持できるかどうかは未知数であり、中国企業は賃金上昇を阻止しようとロボット化を進めている[47]。

3 スタグネーションの影

製造業部門における雇用喪失が生産能力の過剰によって生じていることを示すために前章で使用したエビデンスは、オートメーション論者が技術的ダイナミズムの増大の結果だとみなすような、より大きな経済全体の傾向――賃金率の停滞、労働分配率の下落、労働力人口率の低下、そして不況後の雇用なき景気回復――とはあまり関係がないように思われるかもしれない。それゆえ、オートメーション化は各国経済のサービス部門と世界経済全体における労働需要の低下については依然として十分な説明を与えるものにみえるかもしれない。しかしながら、オートメーション化はサービス部門では製造業の場合よりもさらに小さな影響しか与えてこなかった。実際、労働需要の衰退のような大きな問題も、技術的ダイナミズムの拡大よりも、すでに述べたような工業のスタグネーションの深刻化による方が上手く説明できる。というのも、一九七〇年代以降、各国で製造業のアウトプットの伸び率が停滞するなかで、工業にかわって経済成長のエンジンとなるような部門が現れなかったからである。むしろ、製造業のアウトプットの伸び率の低下はＧＤＰ全体の伸び率の低下を伴っていたのである。

成長エンジンの停止

これらのトレンドが密接に関連していることは高所得国の経済統計から容易に見てとることができる。フランスは好例である（図3-1）。フランスでは、一九五〇年から一九七三年のあいだに実質製造業付加価値（ＭＶＡ）が年率五・九％で上昇し、経済全体の実質付加価値（ＧＤＰ）が年率五・一％で上昇した。[1] 一九七三年以降は、ＭＶＡとＧＤＰの双方が著しく低下した。二〇〇一年から二〇一七年の時期には、ＭＶＡは年率〇・九％しか上昇せず、ＧＤＰはこれをやや上回るもののやはり緩慢な年率一・二％の上昇に止まった。特筆すべきは一九五〇年代から六〇年代のあいだにＭＶＡの成長が経済全体を牽引していたことだ。製造業が成長全体の主要なエンジンだったのである。そして一九七三年以降は、ＭＶＡの伸び率が経済成長全体の足を引っ張ることになった。同様のパターンは他国でも見られる（表3-1）。輸出主導型経済における成長のエンジンが停止し、それにともなって、どの国でも全般的な経済成長率が低下したのである。[2]

脱工業化について研究している経済学者によれば、製造業は名目GDPに占めるシェアは減少しているものの最近まで実質GDPに占めるシェアを多かれ少なかれ維持していたという。すなわち、一九七三年から二〇〇〇年のあいだも、実質MVAは実質GDPとほぼ同じペースで成長していたのだ。[3] このことが実際に意味しているのは、工業からサービスへ需要が移行したという目立った形跡はない。このことが実際に意味しているのは、製造業が活力を失うなかで経済全体も同様に勢いを失ったということである。

スタグネーションが製造業から経済全体に伝播した主なメカニズムは、生産の拡大に用いられる財やサービスにたいする需要の縮小にともない、投資のペースが減速したことにあった。このことがさらに雇用の縮小を生み、消費需要を低下させたのである。経済全体で見れば、生産能力の過剰が過少投資として現れたのだ。これは構造的な問題であるため、明確な解決策がない。先進資本主義諸国で資本ストック（すなわち建物・設備・ソフトウェアの不変価格で測られた価値）の伸び率は下がり続けた（表3-2）。たとえば、アメリカ合衆国では、資本ストックは一九五一年から一九七三年のあいだに年率三・六%で成長した

図3-1　フランスの製造業および経済全体の生産量伸び率（1950～2017年）

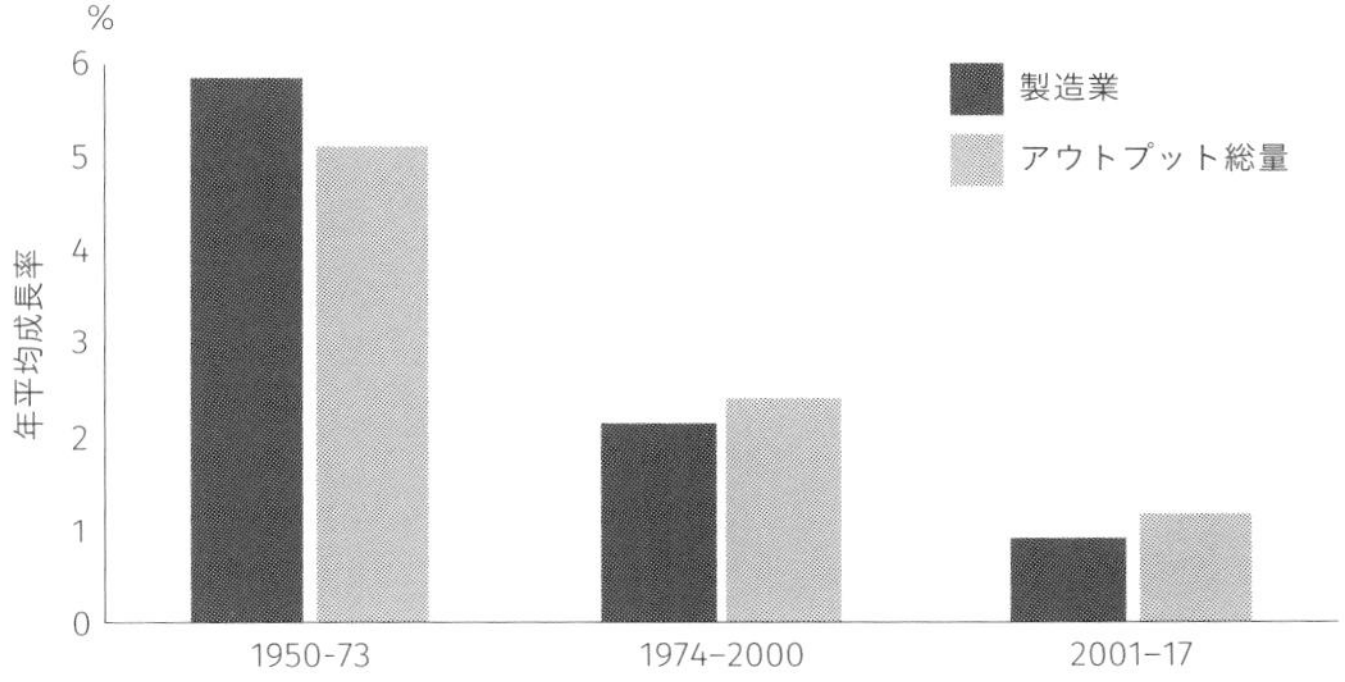

出典：Conference Board, International Comparisons of Productivity and Unit Labour Costs, July 2018 edition.

表3-1　製造業およびGDP伸び率（1950～2017年）

		実質製造業付加価値	国内総生産
アメリカ	1950-73	4.4%	4.0%
	1974-2000	3.1%	3.2%
	2001-17	1.2%	1.9%
ドイツ	1950-73	7.6%	5.7%
	1974-2000	1.3%	1.9%
	2001-17	2.0%	1.4%
日本	1950-73	14.9%	9.3%
	1974-2000	2.8%	3.2%
	2001-17	1.7%	1.9%

出典：Conference Board, International Comparisons of Productivity and Unit Labour Costs, July 2018 edition.

が、一九七四年から二〇〇〇年のあいだは年率二・八%に、二〇〇一年から二〇一七年のあいだは年率一・八%に伸び率が低下している（二〇〇九年以降では、資本ストックはわずか年率一・三%のペースで成長している）。[4] 平均的な企業が固定資本の拡大に投資するのを控えるなかで、労働生産性の伸び率の平均も低下したのである。なぜなら、省力的な技術革新は資本財において実現される傾向があり、そうでなくても資本財への補完的投資を必要とするのが一般的だからである。[5] アメリカ合衆国では、労働生産性は一九五一年から一九七三年のあいだに年率二・四%の伸び率を示したが、一九七四年から二〇〇〇年にかけては年率一・

表3-2　資本ストックと労働生産性の伸び率（1950～2017年）

		資本ストック	生産性
アメリカ	1950-73	3.6%	2.4%
	1974-2000	2.8%	1.4%
	2001-17	1.8%	1.2%
ドイツ	1950-73	6.9%	4.7%
	1974-2000	2.3%	1.7%
	2001-17	1.0%	0.7%
日本	1950-73	9.3%	7.6%
	1974-2000	4.7%	2.5%
	2001-17	0.7%	0.7%

出典：Conference Board, Total Economy Database, April 2019 edition; Groningen Growth and Development Centre, Penn World Table 9.1, September 2019 edition (retrieved from FRED, Federal Reserve Bank of St. Loits).

四%、二〇〇一年から二〇一七年にかけては年率一・二%に低下している（二〇〇一年から二〇一七年にかけては、生産性はわずか年率〇・七%で成長している）。同様の傾向は他の高所得国でもより顕著な形で見られる。

このように、製造業の活力の低下とともに経済全体がスタグネーションに陥る傾向があるが、このことによってシステム全体での労働需要の低下も説明することができる。オートメーション論者が指摘する実質賃金の低迷や労働分配率の低下などの問題についても同様である。[6] 経済全体で労働需要が低下しているのは、サービス部門におけるオートメーション化の進展によって生産性の伸び率が上昇したからではない。逆に、生産性の伸びは製造業の内部よりも外部においてより鈍化しているのだ。たとえば、ドイツや日本では、二〇〇一年から二〇一七年にかけて製造業の生産性はそれぞれ年率二・二%と二・七%で上昇したが、経済全体での生産性の上昇は両国ともわずか年率〇・七%でしかなかった。くり返しになるが、オートメーション論者の誤りは、生産性が急速に上昇していると思い込んだことにある。実際にはアウトプットの伸び率が著しく低下していたのである。

こうした傾向は中国を含む世界経済全体においても、高所得国と同様に顕著である（図3-2）。一九五〇年代と六〇年代には、世界全体でのMVAとGDPの伸び率はそれぞれ七・一％と五・〇％であり、MVAの伸びがGDPを大きく上回っていた。一九七〇年代以降、世界全体でMVAの伸びが低下し、GDPの伸びも同様に低下した。ここでもMVAがGDPを上回っていたが、その差はもっと小さかった。二〇〇八年から二〇一四年にかけてはMVAとGDPの伸びは年率一・六％と例外的に遅いペースであった。くり返しになるが、このことが示しているのは、製造業の成長率が下がる一方で、成長を牽引した工業に代わるものが登場しなかったということである。すべ

図3-2　全世界の製造業および経済全体の生産量（1950〜2014年）

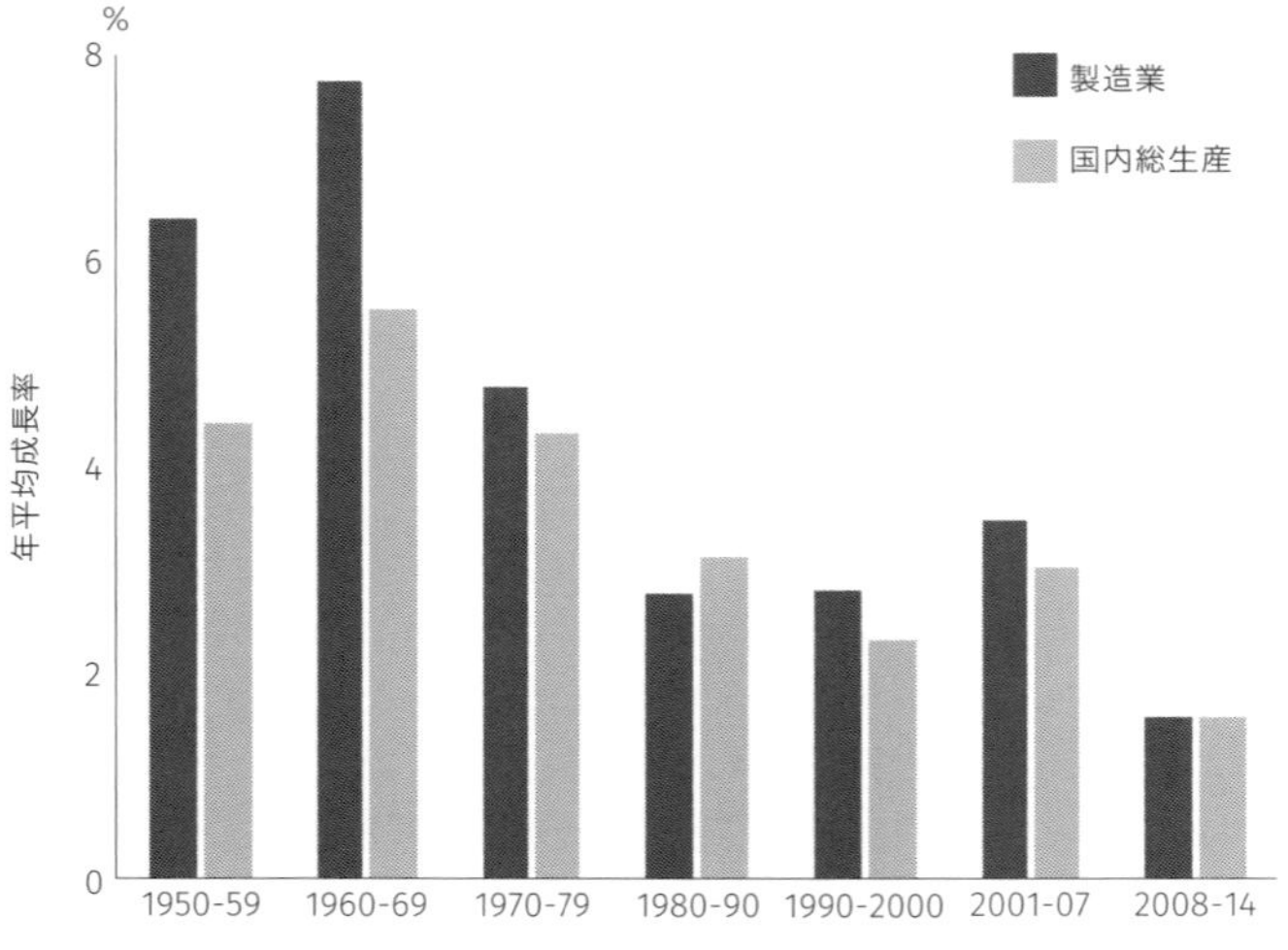

出典：World Trade Organization, International Trade Statistics 2015, Table A1a: "World Merchandise Exports, Production and GDP, 1950–2014."

ての地域が同様にこの低迷を同じ仕方で、あるいは同じ程度で経験したわけではなかったが、急成長した中国のような国でさえもこのグローバル経済の低迷とその影響に対処せざるを得なかった。二〇一〇年以降、中国の経済成長率は著しく低下し、経済の脱工業化が進展した。インドも同様である。他のBRICS諸国（南アフリカ、ロシア、ブラジル）では事態はもっと深刻であった。二〇一一年までに成長率は急落しており、そこにコロナ危機が重なることで世界全体の工業生産が著しく縮小したのだ。世界全体のMVAとGDPの伸び率は二〇二〇年代にさらに低下するであろう。

半世紀以上にわたる経済の動向が示しているのは、製造業が経済成長の特別なエンジンであったということである。[7] 工業生産は、傾向としては、多数の製造ラインに再利用可能な技術によって生産性を漸進的に上昇させるのに適している。工業は規模の経済の点で優れており、生産量の増大におうじて生産性を向上させることができる。実際、フェアドーンの法則として知られる経済法則によれば、工業においてはアウトプットの伸び率が高ければそれだけ生産性の伸び率も高くなる。現代の経済的スタグネーションを技術的フロンティアの消滅から――あたかも発明の余地が残されていないかのように――説明する論者もいるが、工業の生産性の伸び率の低さは工業の拡大ペースが落ちたことの原因ではなく結果だと考えるべきだろう。[8]

その一方で、工業部門には必ずしも限界は存在しない。工業は工業化することができるあらゆる経済活動によって構成されており、次々と新たな活動が工業化されていく。農業や家内工業、家事サービスなどの低生産性の仕事から工場の高生産性の仕事へと労働者を再配置することによって、労働者一人当たりの所得は上昇し、したがって経済成長率も上昇する。日本や韓国、台湾などの国が所得の面で西欧諸国をキャッチアップするにあたっては、工業化が大きな役割を果たした。これらの国は、高度な技術を駆使して世界市場向けの製品を大量生産することで、国内需要だけに依存していては不可能であったスピードで経済成長することができたのである。[9]

付加価値について見ると、製造業の経済活動全体に占めるシェアが縮小しているため、この部門が依然として重要であることは意外に思われるかもしれない。しかしながら、付加価値だけでなく中間投入（すなわち企業が消費した財やサービス）のコストも含めたアウトプット全体について見ると、経済全体における製造業の「フットプリント」は非常に大きい。[10] 巨額の貿易赤字を抱えるアメリカ合衆国においてさえ、二〇〇〇年時点の製造業の全アウトプットはＧＤＰの四二％を占めている。このシェアはスタグネーションが深刻化した二〇一〇年代には三〇%に下がった。日本では、GDPに占める製造業の全アウトプットは依然として高いままであり、二〇一七年時点でも五九%を維持している。[11]

オルタナティブの不在

工業化という成長のエンジンは技術力の普及や国際的な冗長性、市場競争の激化のために停止してしまったが、それに取って代わるような急成長の源泉は現れなかった。低生産性の仕事から高生産性の仕事に労働者を再配置するどころか、その逆の事態が起きた。労働者はサービス部門を中心とする低生産性の仕事に溜まるようになったのだ。脱工業化が進んだ国では金融資本が膨れ上がり、新たな固定資本に長期的な投資をするのではなく相対的に流動性の高い資産を所有することによって収益を追求するようになった。[12] 工業における生産能力の過剰状態にもかかわらず、実体経済のなかで工業以上に利潤をあげることができる部門は存在しなかった。そのような部門があれば、資本蓄積率はもっと高くなり、したがってGDPの伸び率も高くなっていたはずだ。しかし、実際に起こったのは現在も続く投資の引き揚げであり、企業は余剰資金を使って自社株を買い戻したり、株主配当を支払うようになった。さらに、貸付可能な資金の供給が需要を大幅に上回り、長期金利が低下した。

このような状況下で、大量の資金が金融資産へと流れていった。資産バブルの巨大な膨張は周期的に「資産効果」を生み出す。つまり、膨張した資産が貯蓄であるかのようにみえるため、富裕層は年間所得の多くを消費に回すようになる。[13] 米国経済はこのようなバブル主導型の支出にいっそう依存するようになったのである。[14] バブルが崩壊すれば、富裕層は消費を減らし債務返済に転じ、長期にわたる経済的低迷を生み出す。このようなバランスシート不況は、一九九一年のバブル崩壊後に日本が最初に経験したことから、「日本化」と呼ばれている。[15] バブル崩壊後の低成長は、製造業に代わる持続可能な成長エンジンの不在を顕在化させた。事実、富裕国では、経済の金融化が進んでいるにもかかわらず、その富は依然として製造業の浮き沈みに密接に結びついている（このことは、企業が過剰蓄積に際して既存の製造能力をフレキシブルで高効率なものにすることで対処しようとし、他国の低コスト企業に道を譲ろうとはしなかったことを説明する手がかりになる）。[16]

たとえば、一九八〇年代末から九〇年代初頭にかけて、米国の製造業は一時的に不況から回復した。ドルの暴落が実質賃金の低迷や法人税率の低下と結びつき、アメリカ製造業の国際競争力が国内の労働者階級を犠牲にすることで著しく改善されたのである。[17] この時期は米国経済の回復期であり、情報通信技術（ＩＣＴ）によって牽引された小規模の好況期だと考えられてきた。しかし、当時の米国経済がグローバルなトレンドから独立に機能していたわけではない。一九八五年以降のドルの下落はユーロや日本円の価値の上昇を意味しており、ヨーロッパと日本の製造業の競争力を低下させ、固定資本投資率の低下と経済成長率の低下をもたらした。[18] これらの地域では、ＩＣＴに牽引された経済の好転は起こらなかった。それどころか、ヨーロッパと日本では一九七〇年代から二〇〇〇年代初頭にかけて経済成長率が慢性的に低下した。日本では、資本が製造業から金融資産に流れ、悪名高い不動産バブルの膨張（これは資産バブル時代のなかでも最大のものであった）をもたらした。やがてこのバブルが崩壊して日本経済は転落し、世界経済にも崩壊の危機が訪れた。日本銀行が一九九〇年代初頭に採用した緊急の対応策は、二〇〇八年の金融危機後に米国連邦準備制度理事会やヨーロッパ中央銀行が依拠したテンプレートになった。[19]

グローバルな経済危機を一九九〇年代半ばに回避することができたのは、アメリカ合衆国がドルを調整して、日本経済とドイツ経済に国際的な地位をある程度まで回復させる余地を与えたからにほかならない。しかし、この救済策の意図せざる帰結として、アメリカ合衆国や、韓国などの通貨がドルに紐付けられている東アジア諸国において、好景気がバブルに転化した。これらの国々の製造業はもはや更なる経済成長のエンジンとしては機能せず、資本が金融資産に流れた。この結果として生まれた資産バブルが、東アジアでは一九九七年に、米国では二〇〇一年と二〇〇七年に崩壊したことで、工業における生産能力の過剰と過少投資がスタグネーションを引き起こすという、より深い構造的傾向が顕わになった。[20]

製造業に代わる持続的な成長のエンジンを見つけられていないことは、貧困国の政府が国内の生産者を供給過剰の国際的な工業製品市場に参入するように促してきた理由も説明する。[21]工業製品市場に取って代わるような、グローバルな需要を喚起できるような市場が存在しないのである。生産能力の過剰は農業でも生じており、工業の場合よりも状況はいっそう深刻である。他方で、サービスは、その大部分が貿易可能なものではなく、グローバルな輸出市場に占めるシェアは非常に小さい。[22]このような状況で国際市場に依拠しようとすれば、製造業で勝負する以外にはない。二〇〇一年から二〇〇七年のあいだに生じたグローバルな製造業の急速な拡大によって、一時的に、ＢＲＩＣＳ諸国（ブラジル、ロシア、インド、中国、南アフリカ）で輸出主導型の経済発展への道が開かれた。これを受けて、富裕国と貧困国の所得水準が収斂しつつあり、植民地主義の深い傷跡による数世紀におよぶ格差の拡大傾向が逆転したと主張する経済学者も現れた。[23] しかし、この小規模の好況は、高所得国における借金に支えられた消費に依存していたことが明らかとなり、米国で二〇〇七年に起こった住宅バブルの崩壊によって突如として終わりを告げた。またもや、世界規模で工業の生産能力の過剰と過少投資の傾向があることが顕わになったのである。

経済の減速は当時の低所得国と中所得国にとりわけ深刻な被害を及ぼした。こうした国々が貧しかったからだけでなく、このような減速が労働人口の急激な増加を経験している時期に起こったからである。一九八〇年から二〇一八年のあいだに世界の労働力（就業中および失業中の双方を含む）は約七五％も増大し、一五億人以上もの人々が世界の労働市場に加わった。[24] こうした参入者たちのほとんどは貧困国に住んでおり、彼らが成長し、働き始めたのは、不運にもグローバルな製造業の生産能力の過剰が旧植民地諸国の経済成長パターンを形成し始めたころであった。一九七〇年代末から八〇年代初頭にアメリカ合衆国とヨーロッパで工業製品輸入の伸び率が低下し、これが第三世界における一九八二年の累積債務危機を引き起こし、それに続くＩＭＦの構造調整プログラムによって各国経済は、世界的な成長鈍化と中国との競争激化のなかで、グローバル市場におけるいっそうの競合を強いられたのである。[25]

このようなグローバルな規模での低成長は、第二次大戦後の例外的な「黄金時代」ではなく、第一次大戦前など、それ以前の時期を基準にすれば、じつはなんら特異なことではない、と言う人もいるかもしれない。しかし、この反論にたいしては、労働需要の低下をグローバルな視点から捉えることによって、答えることができる。たしかに、ベル・エポック（一八七〇〜一九一三年）の経済成長率の平均は現在の成長率に近い。[26] しかし、この時代は人口の大部分が農村部に住み、生活に必要なものの大部分を自分たちで生産していた。[27] ヨーロッパの帝国主義列強は、世界中を蹂躙し、新たな工業生産技術の普及を少数の地域に限定するだけでなく、他の地域の脱工業化を積極的に推し進めていたのである。[28] なるほど、労働市場が比較的少数の人口しか吸収せず、工業化が少数の国に限られていたにもかかわらず、第一次大戦前の時期には戦間期と同じく労働需要の少ない状態が続き、雇用の不安定化や格差の拡大をもたらし、経済構造の変革を目指す激しい社会運動を引き起こしていた。[29] この点では、現在の世界は確かにベル・エポックの世界のように見える。[30] しかしながら、現在は世界人口の大部分が生きていくために労働市場で仕事を探しており、労働需要が低迷するなかで仕事を探すという不安定な立場を余儀なくされている点が異なっている。他方では、経済的スタグネーションの傾向にたいして有効な対策が打たれないなかで、コロナ危機がさらなる重荷になり、現代の経済成長率はさらに低下していくであろう。歴史の教訓に従えば、パンデミックは、戦争の場合と異なり、危機の後に景気回復ではなくＧＤＰの伸び率の長期的な低迷を招くのである。[31]

テクノロジーの役割

オートメーション論者が技術的ダイナミズムの増大の結果として描いているものは、実際には、数十年にわたる製造業の生産能力過剰と過少投資によって経済的スタグネーションが深刻化したことの帰結である。オートメーション論者は生産性の伸び率の上昇が労働需要の衰退の主な要因だと思い込んでいるが、現実には、アウトプットの伸び率の低下こそが主要因なのである。この誤りは理由のないものではない。労働需要は生産性の伸び率とアウトプットの伸び率の差によって決定される。この差の縮小をアウトプットが落ちたのではなく生産性が上がったためだと誤って解釈すれば、オートメーション言説の逆さまの世界が生み出される。こうして、この言説の支持者たちは、労働需要の低迷の原因についての自らの見解を支えるために技術的なエビデンスを探し求めるのである。このような飛躍によって、オートメーション論者はこの現象を説明することのできる真の原因を見落としてしまう。すなわち、工業製品市場における世界的な供給過剰、固定資本への投資率の低下、そしてそれらの結果としての経済の停滞である。

しかし、オートメーション化それじたいが労働需要低迷の主要因ではないとしても、低成長経済において技術革新が大量の雇用破壊を生み出すということは事実である。わかりやすい事例は、たとえば、二〇〇〇年から二〇一〇年のあいだに米国の製造業部門で起こった急速な雇用削減である。経済が急速に成長していれば、すぐに新たな雇用が創出されて失われた雇用を代替するはずである（そのときには、私たちは「創造的破壊」の典型的なパターンを目にするであろう）[32]。これにたいして、長期的な経済が低迷するなかで失業した労働者は、次の仕事を見つける際に大きな困難に直面する。このような広範にわたる経済的諸条件を明らかにすることによって、私たちは雇用喪失における技術の役割を考え直すことができ、また、なぜ「オートメーション化」という言葉がその典型的な起こり方について誤解を生むものであるかを説明することができるのである。

技術と雇用喪失との関係を理解しようとして、オートメーション論者は自分自身を傷つけることになる。関連文献の多くでは、デジタル時代の研究開発が実験室で白衣を身にまとったエンジニアによって「最終結果」や「社会的影響」を配慮することなく技術の「導きのままに」行われるものであるかのように描かれている。[33] 電算処理能力の指数関数的上昇を示すグラフのように、ムーアの法則に従って上昇するプロセッサの処理速度が技術革新一般を代表し、技術が予め決められた道に沿って発展するものであるかのように理解されるのである。[34] これによって、機械知能がついにSF小説のように人間の理解力を遥かに超える速さで発達する汎用型人工知能を誕生させ、「シンギュラリティ」が到来するというファンタジーが生み出されるのだ。[35]

実際には、技術の発展はすぐれて資源集約的であり、研究者は他を犠牲にして特定の筋道で研究を進めることを余儀なくされている。現代社会では、企業は利潤を生むような技術の開発に注力しなければならないのである。大部分がエンドユーザーにオンラインで無料で提供されているデジタルサービスの場合には、そこから利潤をあげることは容易ではない。フェイスブックのエンジニアたちは汎用性人工知能の開発に注力するのではなく、いかにして人々を自社のウェブサイトに依存させ、くりかえし通知を確認したりコンテンツを投稿したり広告を見たりするようにさせるかを見つけ出すために、スロットマシンの研究に多くの時間を費やしている。[36] それゆえ、あらゆる近代技術の例に漏れず、これらのデジタルサービスも「社会的に中立」というには程遠い。[37] 米国政府によって開発され、私企業によって構築された現在のインターネットは、存在可能な唯一のインターネットではないのである。[38] 同じことはロボット工学についても当てはまる。技術的進歩の方向性を可能なさまざまな道筋のうちから選ぶさいに、最も優先されるのは、労働過程にたいする資本の支配である。[39] 生産ラインの労働者の力を高めるような技術の開発は追求されないが、それらの労働者への監視を強化する技術はあっという間に人気商品になっている。[40] 資本主義社会におけるこのような技術革新の特徴は、既存の技術的手段を、新たな、解放的な目的のために変革しようとする者に重要な示唆を与える。利益優先の技術的進歩によって——少なくともそれだけで——人間が労苦から解放される可能性は、とりわけ安価で容易に搾取できる労働が大量に存在するという状況のもとでは、極めて低いのである。

しかしながら、たとえ技術革新が労働を完全になくすものではないとしても、一部の業種で周期的な雇用破壊が発生するのは避けられない。というのも、技術によって特定の労働過程が完全にオートメーション化されるケースもありうるからである。より典型的なのは、技術革新がそれまでの障害を克服して企業の労働生産性を上昇させることを可能にするケースである。たとえば、農業は近代的な生産方法によって変革された最初の産業の一つである。一五世紀から一六世紀にかけて、イングランドの農村部では囲い込んだ農地でおこなわれた新たな形態の畜産と収穫量を増大させるための輪作が結びついた。しかし、耕地がなだらかではなく、季節のサイクルにも依存しているために、農業は機械化が困難であり、数世紀にわたって人々の主要な働き口であり続けた[41]。一九四〇年代になって化学肥料と品種改良の技術が向上し、さらに農具の機械化と農薬の開発が進んだことで、ようやく農業と畜産業の工業化が可能になり、生産活動の論理に変化がもたらされた[42]。

農場が野外工場に似たものに変化していくなかで、労働生産性のテイクオフが起こった。農産物需要の伸びには限界があるため、農業から大量の労働力が驚くほど急速に放出された。一九五〇年には農業労働人口は西ドイツで全体の二四%、フランスで二五%、日本で四二%、イタリアで四七%を占めていたが、二〇一〇年までにどの国でも五%以下に落ち込んだ。一九五〇年代から六〇年代に起こった緑の革命によって農業の工業化は熱帯地域でも進行し、全世界の農業労働人口に巨大な変化をもたらした。一九八〇年代には世界の労働者の大部分は依然として農業に従事していたが、二〇一八年にはその割合は二八%にまで下落したのである。[43]このように、二〇世紀に生活の糧を破壊したのは「シリコン・キャピタリズム」ではなく「ニトロ・キャピタリズム（nitrogen capitalism）」であった。農業から離れることを余儀なくされた数百万の人々に新たな雇用を保障するような自動的なメカニズムは、労働市場には存在しなかった。

二一世紀においてもこれまでと同様に、発明家やエンジニアは新たな生産ラインにおいて、技術革新にたいする抵抗を克服する方法を模索するだろう。問題は、低成長期には生産性の伸び率が低下する傾向があることである。企業は生産力を拡大させるような大規模投資を控えるのだ。それゆえ、見本市で展示される新たなガジェットの多くは店舗に並ばない。生産性が速いペースで上昇する産業がないと言っているのではない。たとえば、長距離運送業や小売・卸売業は今後さまざまな技術革新によって雇用の削減が起こるかもしれない。[44]しかしながら、資本蓄積率と労働生産性の伸び率が経済全体で低下するため、こうした仕事がどの程度まで消えるかを予測することは難しい。

世界的に見れば、トラックや倉庫の機械化よりも被服・履物工業の機械化や電子部品組み立て工業の機械化の方が問題であろう。これらの部門は世界中で大量の労働者を雇用し、資金不足の経済に外貨を提供している。[45]特に縫製業は機械では不可能な細かい作業を布に施すものであるから、長い間、機械化に強い耐性をもってきたのであり、一八五〇年代に開発されたシンガー社のミシンが最後の技術革新であった。電子部品の組み立ては、比較的最近の業種だが、同じく極小の部品を扱う繊細な作業であるために、技術革新による労働代替に同様の耐性をもっている。これらは、大規模かつ高度に機械化された生産過程のなかでは技術革新の遅れた部門であり、小売業やアパレル、電子工業の企業が需要拡大に対応するために低所得国の生産者と契約を結んだ一九六〇年代に、最初にグローバル化した業種となった。[46] これらの産業は依然としてサプライチェーンの起点として重要であり、生産者同士の激しい競争が繰り広げられている。

こうした業種の多くは一九九〇年代に拠点を中国に移した。しかし、中国の賃金が上昇してヴェトナムやバングラデシュの競争力が強まっており、ロボット工学の発展はついにこれらの産業領域における長きにわたる機械化への耐性を克服するかもしれない。それらの生産活動の多くが行われている東アジアや東南アジアでは依然として速いペースで資本蓄積がおこなわれており、新たな発明がビジネスを革新するものとして実用化されやすい。フォックスコン社（鴻海科技集団）は電子部品組み立てラインに「フォックスボット」と呼ばれる機械を導入して、低所得国との競争を辛うじて制している。中国やバングラデシュのアパレル会社は「ソーボット」や、「フライニット」の靴に使用されていた新たな編立技術を採用している。これら一連の技術革新が完全なオートメーション化にまで進むことはなさそうだが、多くの雇用を急速に削減することでアフリカなどのさらに所得の低い国がグローバル経済にアクセスする手段を奪うかもしれない[47]。そのような技術革新が起こるのが一〇年先なのか二〇年先なのかははっきりしないし、まったく起きないかもしれない。しかし、たとえオートメーション技術に大きな進歩がなくても、「スマートファクトリー」技術によって関連サービス周辺で産業集積を進めるアドバンテージが増大すれば、製造業の雇用はグローバルな規模で分散よりも集中の傾向を強めていくだろう[48]。

新たなテクノロジーは、これまで多くの労働力を吸収してきた産業部門における機械化への障害を取り払うことで、労働需要衰退の第二の要因になるかもしれない。しかしながら、この現象を説明するための鍵となるのは、これらの産業部門における雇用破壊のペースが速いことではなく、経済全体での雇用創出のペースがそれを下回ってしまうことにある。すでにみたように、後者の原因はオートメーション論者が主張するような急速な技術革新ではない。もしそうであれば統計に生産性の伸び率の急速な上昇となって表れるはずである。実際には、生産性の伸び率は上昇しておらず、むしろ低下している。経済全体での労働需要低迷の真の原因は、成長エンジンとしての製造業が衰退し、それに代わる成長エンジンが存在しないために、経済全体の成長率が低下していることなのである。このコロナパンデミックの時代において、経済的スタグネーションの傾向はますます強まるであろう。

　パンデミックに誘発されてオートメーション化の波が到来するという警鐘が実質を伴っていない理由はここにある。こうした予言は、オートメーションの技術的な実現可能性（それ自体も実証されていない不確実な仮説にすぎない）を経済的な実現可能性と混同している。コロナへの対応のためにロボット工学に投資している企業は紛れもなく存在する。たとえば、ウォルマートは自動運転と在庫確認および通路清掃を行うロボットを購入し、米国の店舗に配備している（ただし二〇二〇年末にウォルマートはこのプロジェクトを中止した）。まだ広範に実施されてはいないが、オンライン注文の指数関数的な増大を見込んで、一部の小売店では、ロボット工学を取り入れたマイクロフルフィルメントセンターを試験的に導入し、従業員が注文に対応する速度を速めようとしている。[49] しかし、当面のあいだ、これらは例外的事例であろう。深刻な不況のもとでは製品需要の増加が見込めず、新たな大規模投資をおこなう企業はかぎられる。企業はむしろ労働力を削減し、残った労働者の作業速度を高めることでコスト削減を行い、既存の生産力のままで済ますだろう。これこそまさに金融危機後に企業が行ったことである。評論家たちは過去数十年のあいだにオートメーション化が加速したとあまりにも単純に思い込み、過去についての誤った認識のもとで未来の予測を行う。だが、そのような投資を正当化する需要を見出すことはできない。アメリカ合衆国では二〇一〇年代に戦後最低の資本蓄積率と生産性の伸び率を経験した。コロナは事態をさらに悪化させるだけなのである。

4 労働需要の低迷

オートメーション言説の核心には、経済学者ワシリー・レオンチェフが「長期の技術的失業」と名付けた概念がある。オートメーション論者は、オートメーション化によって雇用喪失が起こった特殊な事例から推論をおこない、一般的現象を発見したと主張する。すなわち、完全なオートメーション化によって数十年後には「完全失業」が起こるだろうと言うのである。エリック・ブリニョルフソンとアンドリュー・マカフィーは『ザ・セカンド・マシン・エイジ』で、「鯨油」や「馬の労働」と同じく人間の労働も「今日の経済においては、たとえ無料で提供されるとしても、もはや必要とされない」と述べている。[1] 完全なオートメーション化が実現するならば、それによって生じる雇用の終末が、賃労働がもはや中心ではないように社会生活を再編成しなければならないことを直ちに明らかにするというわけである。[2] 前の二つの章ではこうした予測にたいして疑問を述べたが、私もオートメーション論者と同様に、世界経済が労働需要の低迷に苦しんでいることを指摘してきた。では、オートメーション言説が主張するように、この労働需要の低迷は失業率の上昇を伴ってきたのだろうか？

先進資本主義国では、失業率は二〇〇八年の金融危機後に急速に上昇したものの、二〇一〇年代をとおして、過去の不況期に比べればはるかに緩慢な速度ではあったが、低下していった（**図4-1**）。二〇二〇年にはコロナ不況のために失業率が再び上昇に転じ、米国では過去に例を見ない速度で上昇したが、これはオートメーション化とはほとんど関係がなかった。過去から未来を予測することが可能だとすると、次の一〇年で失業率は緩やかなペースではあっても再び低下する可能性が高い。このようなデータは長期的な技術的失業の増大などという議論には合致していないが、この

図4-1　アメリカ合衆国、ドイツ、日本の失業率（1960～2017年）

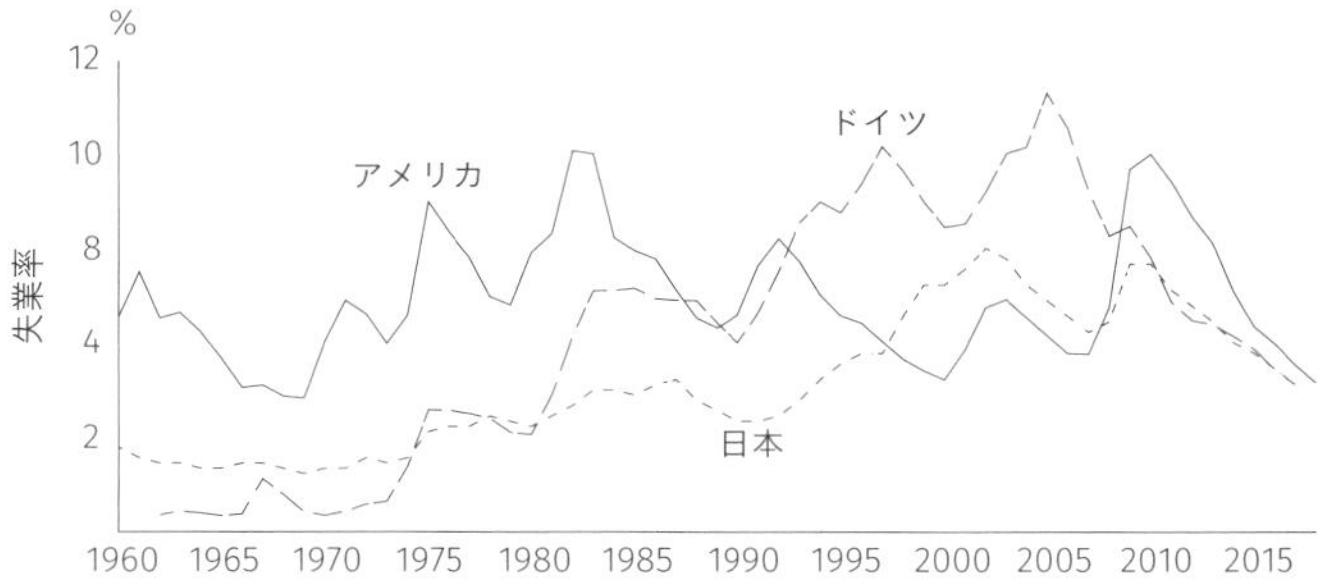

出典：OECD Main Economic Indicators, Unemployment Rate Ages 15 and over.

ことを労働需要の縮小が起こっていないことの証拠と捉えるべきではない。経済成長の減速という圧力のもとで、労働需要低迷の顕在化の仕方が変わったのである。すなわち、雇用の**喪失**から測定の困難な多種多様の慢性的な**不完全**雇用（半失業）へと変化したのだ。[3]

すでに多くの論者が指摘しているように、私たちの時代は「雇用なき未来」ではなく「良質な雇用なき未来」に向かっている。労働者には労働で収入を得ることなしに生活を長く維持するための備えがない。オートメーション論者であり、元アメリカ大統領指名候補者でもあったアンドリュー・ヤンが述べたように、「労働者は食べていくために働き続けなければならず、目についた仕事は何でもやる」——たとえそれが低賃金であったり、短時間労働であったり、劣悪な環境のものであっても。[4] ヤンのようなオートメーション論者は、このような事態を、舞台裏で起きている技術的失業の増大の帰結として解釈する。だが、現実には、急速なオートメーション化は、舞台裏であろうと、どこであろうと、まったく起こっていない。それにもかかわらず、雇用創出率は過去半世紀のあいだに低下を続けてきたのであり、それはなによりも経済成長率の慢性的な低迷によるものだったのである。このため、不況期に職を失った労働者がそれに続く弱い回復期に以前と同等の仕事を見つけることは、ますます困難になっている。多くの人は職探しの意欲を完全に失ってしまう。

このような恒常的な労働需要の低迷にたいして、各国の政府は概して雇用者間でワークシェアリングを促進するのではなく、むしろ失業手当を受給しづらいものにし、どんなものであれ――たとえ賃金と技能が低下したとしても――できる仕事に就くように失業者に強制してきたのである。

どんな仕事にも就く

一九七〇年代以降、富裕国の失業率は歴史的な低水準から上昇に転じた。アメリカ合衆国以外では、その後も数十年にわたって失業率は高いままだった。[5] そのため、失業保険制度が危機に陥った。失業保険制度は高度成長経済において周期的に発生する短期失業を想定して設計されており、停滞経済において発生する長期失業に対処するものではなかった。失業者を再び仕事に戻すために、各国政府は労働市場規制を緩和し、失業手当の規模を縮小させていった。それまでの受動的な所得支援制度に代わって、積極的な労働市場政策が主要な失業対策となったのである。[6] デンマークとスウェーデンでは、就労支援のために職業紹介事業や職業訓練プログラム、企業への雇用助成を二〇一六年のＧＤＰの約一％を費やして実施したが、低成長経済のなかではあまり成果は上がらなかった。富裕国のほとんどでは、このような支援プログラムが目立った形で実施されることはなく、同じ二〇一六年にOECD加盟国が（直接的な雇用創出以外の）労働市場政策に費やした資金は平均でGDPの〇・三％を占めるにすぎなかった。[7]

このような状況下では、失業状態にとどまり続ける労働者はほとんどいない。生きていくためには働かざるを得ないため、労働市場の状態がどれほど悪化しようと職を探さなければならない。何の備えもない労働者の数が増大しており、現在の世界経済はマルクスが『資本論』で分析した一九世紀半ばの状態に近づいている。マルクスによれば、経済が停滞すると「産業予備軍」あるいは「相対的過剰人口」の停滞的形態が増加する傾向にある。この停滞的過剰人口は「絶えず大工業や大農業の過剰労働者から補充され」、「労働者階級のうちのそれ自身を再生産し永久化する一要素をなし」、「労働者階級の総増加のうちに他の諸要素よりも比較的に大きな割合を占めている」。その労働は「労働時間の最大限と賃金の最小限」によって特徴づけられるため、その「生活状態は労働者階級の平均水準よりも低く」なる傾向にある。マルクスによれば、このような停滞的過剰人口の拡大は「資本主義的蓄積の絶対的な一般的な法則」である。[8] 一五〇〇年以上も前に書かれたマルクスの分析が再び現代的なものになったのだ。過去数十年間の低成長経済において、失業者は労働市場の新規参入者として、平均より悪い条件で通常より低い賃金しか得られない仕事に就くことを余儀なくされた。マルクスの時代と異なるのは、このような現象が戦後の福祉国家的諸制度によって媒介されており、それらの制度はその質を低下させながらも、労働市場のあり方に影響を及ぼし続けている、ということである。国による社会保障制度の違いが、不安定な就労状態が労働人口全体に広がるのか、それとも人口の特殊な部分に留まるのかを決めるのである。[9]

こうした変化は、労働組合に組織された労働者にのみ雇用保障が与えられているアメリカ合衆国において最も顕著に表れている。未組織労働者のほとんどは雇用主の意のままに雇われ、明白な差別でないかぎり、いつでも解雇されうる。不況後の雇用増加率の低迷のために、一九七四年から二〇一九年のあいだの失業率は一九四八年から一九七三年のあいだと比べて平均で三〇%高かった。同じ時期に、民間部門の組合組織率は一九七〇年代初頭の約三〇%から二〇一九年の六%へと著しく低下した。このため、企業は高い失業率を利用して雇用に不安を抱えた従業員への締め付けを強化することができた。もし解雇されれば新たな職を見つけるのは困難なため、労働者は実質賃金の相対的な低迷を雇用が維持される条件として受け入れざるをえなかったのである。[10]

これにたいして、過去数十年の米国において、本当の意味で労働市場の悪化に影響を受けたのは大学の学位を持たない労働者だけだったと主張する経済学者もいる。極端なオートメーション学説ではないものの、こうした経済学者も技術革新がアメリカの労働市場を空洞化させ、標準的な賃金を得ることができる仕事を破壊し、雇用を高賃金と低賃金に二極化させたのだと主張する。単純作業のオートメーション化が学歴間の賃金格差の拡大を生み出し、教育と機械の競争を引き起こしたと言うのである。なるほど、アメリカ合衆国では、雇用の不安定性は個々の労働者の教育水準や人種によって大きく異なる。アメリカ合衆国の失業率は、教育水準の低い労働者や有色人種の労働者の場合には、著しく高い。また、たしかに、一九八〇年代と一九九〇年代初頭には、学士号を取得することによって賃金の下降圧力から逃れることのできた者もいた。しかし、経済活動のオートメーション化が加速していたはずの二〇〇〇年代初頭には、大半の学卒者の賃金は停滞を始め、学歴間の賃金格差は拡大を止めた。二〇一八年におけるアメリカの学卒労働者の実質賃金の中央値は二〇〇〇年よりも低下したが、そのあいだに未払いの学費ローンの総額は劇的に上昇した。その理由は、二〇〇〇年以降、経済成長率が著しく低下し、それに伴って雇用の増加率も低下しているにもかかわらず、大学の学位が一般的になったことにある。二〇一九年には働き盛り世代（二五歳から五四歳）の四〇％が少なくとも学士号を取得している。かつてのように、大学の学位によって劣悪な労働市場から身を守ることは難しいのだ。学位をもつ労働者は教育水準の低い労働者を押しのけ、かつては学位を必要としなかった仕事に就くようになった。その一方で、雇用主が提供する健康保険に加入する若年大卒労働者の割合は、一九八九年の六一％から二〇一二年の三一％へと半減した。教育水準の低い労働者に比べれば高い賃金を得てはいるが、これらの大卒労働者の大部分は不安定な就労状態にあるのである。[11]

国際比較の視点からアメリカ合衆国が特異なのはまさに、労働人口全体に経済的な不安定性が浸透しているという点にある。アメリカでは正規雇用労働者であっても、いつでも解雇されうるため、労働需要が慢性的に低迷している経済においてはつねに雇用喪失の危険にさらされている。その結果、他国の場合とは異なり、米国企業は労働力のうちの脆弱な層を活用するために新たな就労形態を構築する必要には直面していない。たしかに、労働法の規制を迂回するための新たな就労形態を利用している企業も存在する。ウーバーやリフトなどのギグ・エコノミーが小さいとはいえ重要なブームになっており、それらの企業はオンライン・プラットフォームを介して仕事を提供することによって雇用者を独立の請負業者に偽装している。[12] しかし、結局のところ、このような形態で雇われた米国の労働者は、請負業者、短期契約労働者、派遣労働者、有期雇用者を含めても二〇一七年時点でたったの一〇％に過ぎなかった。[13]

アメリカと比べると、ヨーロッパ諸国や東アジアの富裕国の雇用状況はやや複雑である。これらの地域では戦後の労働市場政策が左翼政権ではなく右翼政治家によって設計され、国民的・帝国主義的なアイデンティティ、男性稼ぎ主世帯の形成、そして相対的に固定的な職場のヒエラルキーの維持が重視された。[14] コーポラティズム的な社会制度を受け入れる代わりに、男性世帯主は相応の雇用保障を得ることができた。アメリカ合衆国の場合とは異なり、正規雇用労働者は雇用主の意のままに雇われたり解雇されたりすることはなかったのである。各国の違いを大まかに把握するには、労働者が解雇のリスクから保護されている度合いを〇から六の数字で示しているOECDの雇用保護指標が参考になる。これによれば、米国の常用労働者がほとんど保護されていない（〇・五）のにたいして、イギリス（一・二）、日本（一・六）、ドイツ（二・五）、イタリア（二・五）、フランス（二・六）の労働者にはずっと大きな保障がある[15]（**図4-2**）。米国以外のこれらの国々では、期間の定めのない仕事に就く世帯主は労働需要の減少による労働市場の圧力とはほとんど無縁であった。経済全体で失業率が一〇％以上に高まったとしても、彼らは集団的な賃上げのために自由に闘うことができた。他方で、これらの国の失業者は米国と比較すれば手厚い失業給付を得ていた。

このため、大半の高所得国では、一九七〇年代半ばから失業率が上昇し続けても、アメリカ合衆国のように労働者の実質賃金がすぐに停滞することはなかった。その影響を最も受けたのは失業者であり、また雇用労働者の子や配偶者であった。雇用危機は社会的排除の悪化という形態をとり、人口の全体にではなくその一部に集中して現れたのだ。年配の労働者は早期退職を迫られた。既婚女性は職探しを断念させられ、このためにヨーロッパ諸国と日本では——スウェーデンを重要な例外として——二〇〇〇年代まで女性の労働力率が低いままだった。[16]

雇用労働者が自身の雇用を強固に保持しているため、ヨーロッパと東アジアの企業が労働需要の低迷を利用するためには雇用関係の制度改革をおこなう必要があった。政府は経営者たちの圧力に応じて失業者と新規参入者から雇用保障を引きはがし、いわゆる非典型雇用、すなわちパートタイムや短期雇用、その他の契約上限定的な雇用へと誘導した。ド

図4-2　OECD雇用保護指数（2013〜2014年）

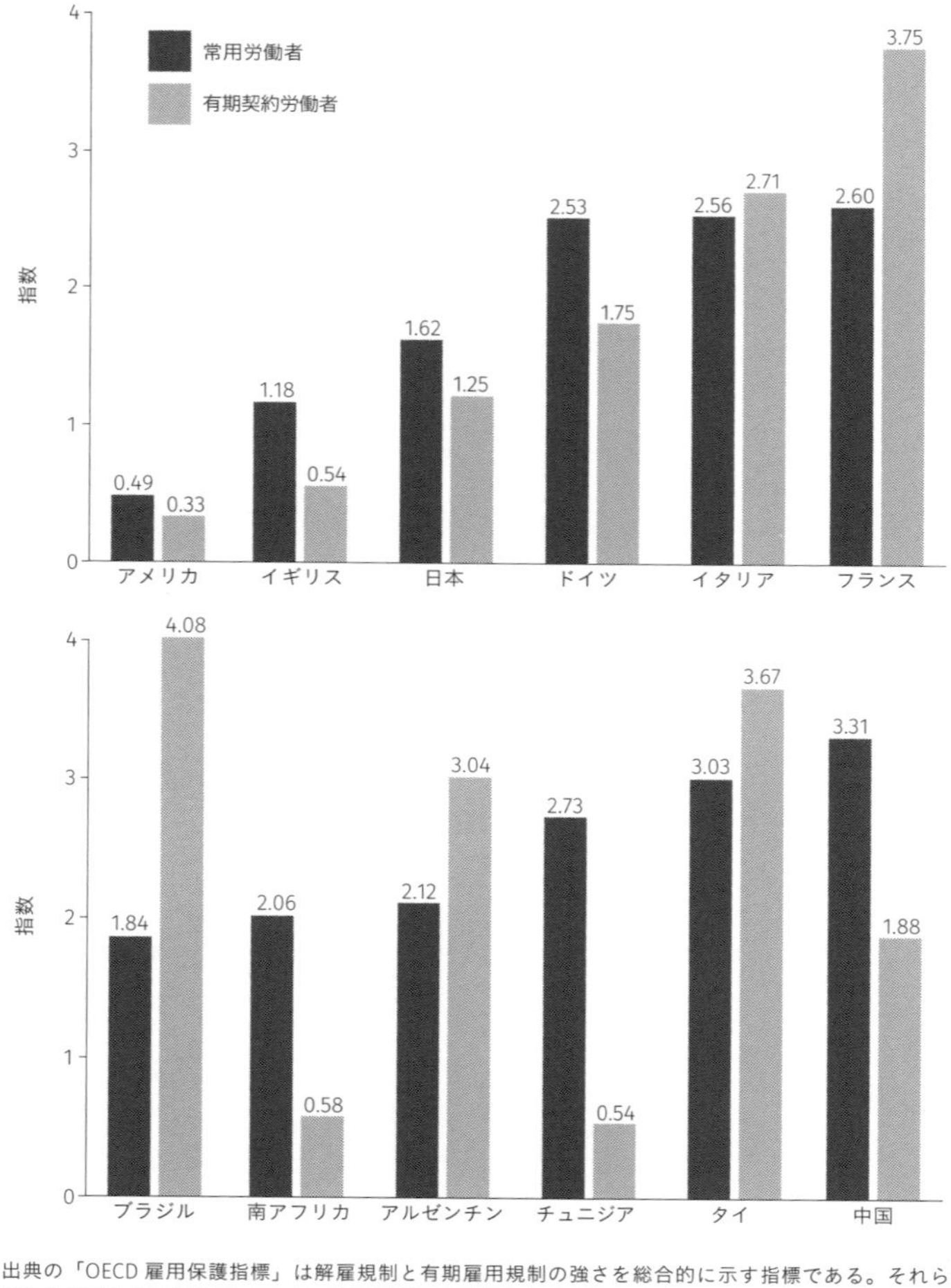

出典の「OECD 雇用保護指標」は解雇規制と有期雇用規制の強さを総合的に示す指標である。それらは1月1日時点に施行されていた、雇用規制の3要素をカバーする21項目から構成されている。

イツの「ミニジョブ」の場合のように、もともと実質的に主婦向けの家計補助的な収入源として位置づけられていた雇用形態が、それ以降、多くの世帯にとって家計の中心的な収入源になっていった。[17] 典型雇用の労働者と比べて、非典型雇用の労働者は脆弱な雇用保障しかもっていない。[18]

「プレカリティ」という言葉が、多くの労働者、とりわけ女性や若者の雇用保障を削減する法案に反対する抗議運動の盛り上がりのなかで広く使われるようになった。[19] たとえば、イタリアではビアジ法が企業にパートタイム労働者と有期契約労働者を「フレキシブル」に解雇することを可能にし、ドイツでは二〇〇四年のハルツⅣによって失業手当が大幅に削減された。フランスでも、同じように、若年の労働市場への新規参入者から雇用保障を剝奪しようとする動きがあったが、二〇〇六年には労働者によって阻止され、二〇一六年にも再び阻止された。しかし、一連の抵抗にもかかわらず、西欧諸国と東アジアの富裕国の労働市場は、比較的安定した雇用保障のある典型雇用と、ますます増大するそのような保障のない（若者を中心とした）非典型雇用労働者へと着実に二極化していった。[20] 一九八五年から二〇一三年のあいだに、全雇用に占める非典型雇用の割合は増大した。フランスでは二一％から三四％に、ドイツでは二五％から三九％に、イタリアでは二九％から四〇%に、イギリスでは三〇%から三四%になった。日本では「非正規雇用」（非典型雇用に相当するカテゴリー）の割合が一九八六年の一七%から二〇〇八年の三四%に上昇し、韓国でも同じ傾向が見られた。雇用形態の変化は新たに創出された雇用においてより顕著であり、一九九〇年代と二〇〇〇年代にＯＥＣＤ加盟国で創出された雇用のうち六〇%が非典型雇用だった。[21]

経済の低迷によって雇用の増加率が低下し、失業すれば新たに仕事を見つけるのは困難な時代に、ますます多くの労働者が雇用の不安性に直面するようになったのである。これらの労働者は賃上げ要求を抑制せざるをえなかった。ＯＥＣＤ加盟国全体で労働生産性が一九九五年から二〇一三年のあいだに年率一・五%上昇したにもかかわらず、実質賃金の中央値は年率〇・八%しか上昇せず、その結果、所得が上方へと大幅に再分配されるという事態が起きたのである（もっとも前者が一・八%、後者が〇・五%の上昇であったアメリカ合衆国ほど顕著ではなかったが[22]）。

世界的規模の過剰労働人口

グローバル・サウスは、ヨーロッパとアメリカのケースをミックスし、その双方の特徴をもっと極端にしたようなパターンを示している。一方では、植民地支配から脱した戦後の開発主義政府は、かつてのヨーロッパの宗主国と同等かより強力な労働法を採用するのが一般的であった。再びOECDの雇用保護指標を参照すれば、アルゼンチン（二・一）、ブラジル（一・八）、南アフリカ（二・二）の典型雇用契約の常用労働者は、イギリス（一・二）の同じ類型の労働者よりも強力な雇用保障をもっている。中国（三・三）、インド（三・五）、タイ（三・〇）、チュニジア（二・七）の典型雇用労働者も、フランス（二・六）の労働者よりも強力に保護されてきた。他方、保護された雇用は政府機関または大規模工場に限られており、そうした仕事にはごく少数の労働者しか就けないため、グローバル・サウスの労働者の大部分はさまざまな非典型雇用の仕事に就くほかなかったが、そのような仕事は米国において最も保護されていない労働者よりもさらに脆弱な保護しか与えられていない。

アフリカやアジア、ラテンアメリカでは、世界規模で脱工業化が起こるずっと前から非典型雇用の拡大が重大な問題になっていた。一九五〇年代および六〇年代に急速に拡大した非農業労働力が低成長の輸出代替型工業に職を求めたため、職にたいする需要がその供給を遥かに上回った。路上販売者や零細製造業者、自転車による輸送サービス業といった職種に就く人口が急増するのを目の当たりにして、労働統計学者は「インフォーマル・セクター」という新たな雇用カテゴリーを考え出した[23]。一九八〇年代と九〇年代には国際競争が激化するなかで各国が次々と市場開放型の破壊的な構造調整政策を断行したため、インフォーマル・セクターは著しく膨張した[24]。この時代は多くの国で経済危機がほとんど恒常化しており、大企業や政府機関のフォーマルな仕事を失った——あるいは給料を削減された——労働者は新規参入者としてインフォーマルな仕事に就くことを余儀なくされたのである。一方、企業は拡大する過剰労働人口を利用して保護されたフォーマルな雇用者をインフォーマルな労働者に置き換えようと試み、さらに政府にたいしてフォーマルな雇用にたいする保護を削減するように圧力をかけ、それを景気回復のための刺激にしようとした[25]。

グローバル・サウスの国々のなかで、中国だけは一九八〇年代と九〇年代に急速な経済成長を経験するが、これは法的に権利を制限された労働者の創出に他国よりも大きく依存したものであった。農村部で雇用され都市部で働く「民工」は、他の都市労働者には提供されていた雇用保障が無条件で否定されていた。輸出志向型の工業施設で衣服の縫製や電子部品の組み立てを行うこれらの労働者は、雇用保護の脆弱さと職をめぐる競争の激しさのために、実質賃金の上昇を要求するという考えを放棄するしかなかった。[26]

非典型雇用の拡大によって、世界中で膨大な数の人々が大きな雇用不安に直面することになった。最も基本的な法的保護や失業手当を得ることさえできないグローバル・サウスの労働者は、とりわけ不安定な状況に置かれている。二〇一二年には、世界中の失業者のわずか五分の一しか失業給付を受けていなかった。[27] このため、労働者は職を失うとすぐに新たな収入源を見つけなければならず、周知の雇用機会の欠乏にもかかわらず、二〇一九年の全世界の失業率はたったの四・九%であった。失業者の多くはインフォーマルな仕事に就くことを余儀なくされたのである。[28] 実際、国際労働機関（ＩＬＯ）によれば、フルタイムかパートタイムかは別として、期間の定めのない何らかの仕事に就いている世界の労働人口は二〇一五年にはたったの二六%であり、残りの七四%は有期雇用やその他のインフォーマルな雇用形態の労働者か、あるいは自営業者だった。[29]

こうした状況に対して「非典型雇用」という言葉は明らかに誤称である。それは完全雇用という、グローバルには、とりわけ人口の大部分が生活する地域では、決して実現することのなかった二〇世紀半ばの夢の残滓なのだ。[30] その言葉が実際に意味しているのは、雇用が保障されたごく少数の者を除けば、世界中の労働者が労働需要の波の満ち引きに右往左往することを余儀なくされているということである。労働需要が全般的に低迷しているこの時代においては、すでに同じスキルと能力を有し、同じように失業中か半失業中で職を探している労働者が大量に存在するという状況にあり、多くの労働者は今の仕事を失えば代わりを見つけるのは難しいのではないかと恐れている。このような雇用不安に直面して、労働者たちは停滞した賃金水準や劣悪な労働条件を受け入れざるをえないのだ。この状況は、第一義的には、近年のコンピュータ技術の進歩の結果ではない。そうではなく、数十年にわたる生産能力の過剰と過少投資の結果であり、それによって（世界の労働人口が拡大し続けている時に）世界経済の成長エンジンが徐々に動かなくなっていったことに起因するのである。国家の政策に劇的な転換が起こらないかぎり、コロナ不況は近年のこの傾向を今後さらに悪化させるだけであろう。

脱工業化の憂鬱

コロナ不況によって失業率は著しく上昇した。しかし、これまで述べてきたような労働市場レジームの変化を考えると、失業は時間が経つにつれてさまざまな形態の半失業へと解消していくであろう。[31] 無職のままで長くいることができないため、労働者は通常よりも低い賃金や悪い条件の仕事に就く以外に選択肢がないことに気づく。仕事を全く見つけることができなければ、インフォーマル・セクターの商店を構えるか、さもなければ労働市場から完全に脱落することになる。二〇二〇年のような不況期には特に顕著だが、停滞した経済における生活は極度の雇用不安に支配されており、そのような状態は最近のSF小説が巧みに描く過剰人口のディストピアに表現されている。ほとんどの人間はほんの少しの間だけ食いつなぐようなギリギリの生活をしているが、裕福な資産所有者はその巨大な資本によって不死を買うことさえできる。[32] 失業状態にとどまることができないとすれば、こうした過剰労働者たちはどのような仕事をするのだろうか？

六〇年代半ばから労働力の過剰が世界的に拡大するなかで、多国籍企業は労働市場において裁定取引をおこなうようになった。仕入先の企業を相互に競わせて生産性の高い労働力を低価格で獲得することによって、供給過剰の国際市場において競争力を維持したのである。製造業の企業は、世界中の低所得国にある何千もの輸出加工区だけでなく、高所得国においても雇用不安を利用してきたのであり、多層的な契約を結んだり標準的な労働法が適用されない労働者を雇用することによって、労働者の賃上げ要求を押さえ込んできた。しかし、製造業で働いているのは世界の労働人口の約一七％にすぎず、鉱業と輸送業および公益事業をあわせても五％の増加にしかならない[33]。それゆえ、世界中の不完全雇用の大多数は雑多なサービス業で雇用されており、その割合は高所得国では七〇〜八〇％に達し、イラン、ナイジェリア、トルコ、フィリピン、メキシコ、ブラジル、南アフリカでも労働者の大部分を占めている[34]。現代の私たちが受け継いだ脱工業化は、ついに世界規模のものとなったが、これはアメリカの社会学者ダニエル・ベルが一九七三年にその出現を予測したものとは異なっている。すなわち、私たちがいるのは研究者やテニスコーチ、ミシュランガイドのシェフの世界などではなく、路地裏の床屋や召使、果物の行商人、ウォルマートの棚卸作業員の世界なのである[35]。

サービス業における雇用拡大の基本パターンは、一九六〇年代にプリンストン大学の経済学者ウィリアム・ボーモルが最もよく説明している。ボーモルの理論はサービス部門における半失業が二一世紀経済の主要な特徴になっている理由を、さらにはオートメーション論者の説明が歪んだものになっている理由を説明するのに役立つ。[36] ボーモルはサービス業における雇用の増加を説明するにあたって、サービス業の生産性の伸び率が工業部門に比べて低い点に注目する。一般にサービス業は、アウトプットの伸びが生産性の伸びを上回り、さらには生産性の伸びが雇用の伸びを上回ることによって（一九七三年以前の製造業の場合のように）、経済規模が拡大するというような成長パターンを示さない。むしろサービス業におけるアウトプットの増大は、そのほとんどが雇用の拡大によって生み出される（**図4-3および4-4**）。ボーモルは、マルクスの概念である「停滞的」相対的過剰人口を意識して、サービス業が相対的に「停滞した」経済部門を形成することになると述べている。[37] このような停滞的経済部門の世界的拡大と世界的な経済停滞の深刻化には明確な関連性がある。[38] 実際、そのように言うことは、世界規模で労働力の脱工業化が進行していくなかで、かつての経済成長の強力なエンジンであった工業にとって代わるものが――サービスにおける雇用拡大も含めて――存在しないという事実を繰り返し述べているにすぎない。

サービス業が急速な生産性の伸びを生み出すような漸進的なプロセスイノベーションに

適合的ではないということは、サービス業それ自体の固有の特徴などではない。多くのサービスにおいて生産性を向上させるための障害はすでに克服されており、それはまさに工業化によって達成されたのである。社会学者ジョナサン・ガーシュニィが述べたように、そうしたサービスは各世帯で各自が使用するセルフサービス製品へと変化した。すなわち、「洗濯機が洗濯屋のサービスに、安全カミソリが床屋のシェイビングに、自動車が公共輸送にとってかわる」ことになったのである。[39] このようなサービスを物質化した製品は、工業的なプロセスによって提供されるため、動学的効率性の獲得に適合したものになった。現在サービス業として残っている活動はこのような工業化に耐性があり、これが今のところ解消されていないのだ。[40]

アパレルの縫製や電子部品の組み立てのように、デジタル化が進む現代では、さらに多くのサービスが技術革新に適合的になり、より効率的な工業的プロセスによって提供されるセルフサービス製品へと変化するかもしれない。例として、近年の旅行代理店の消滅を挙げることができる。しかし、経済成長を現在妨げている主要な障害がたんに技術的なものであり、技術革新をつうじて停滞的なサービス業を活発な工業に変容させればその障害を克服できると考えるのは大間違いである。最大の障害は依然として世界中で技術的な生

図4-3　アメリカ合衆国、フランス、イタリアのサービス業（1980～2010年）

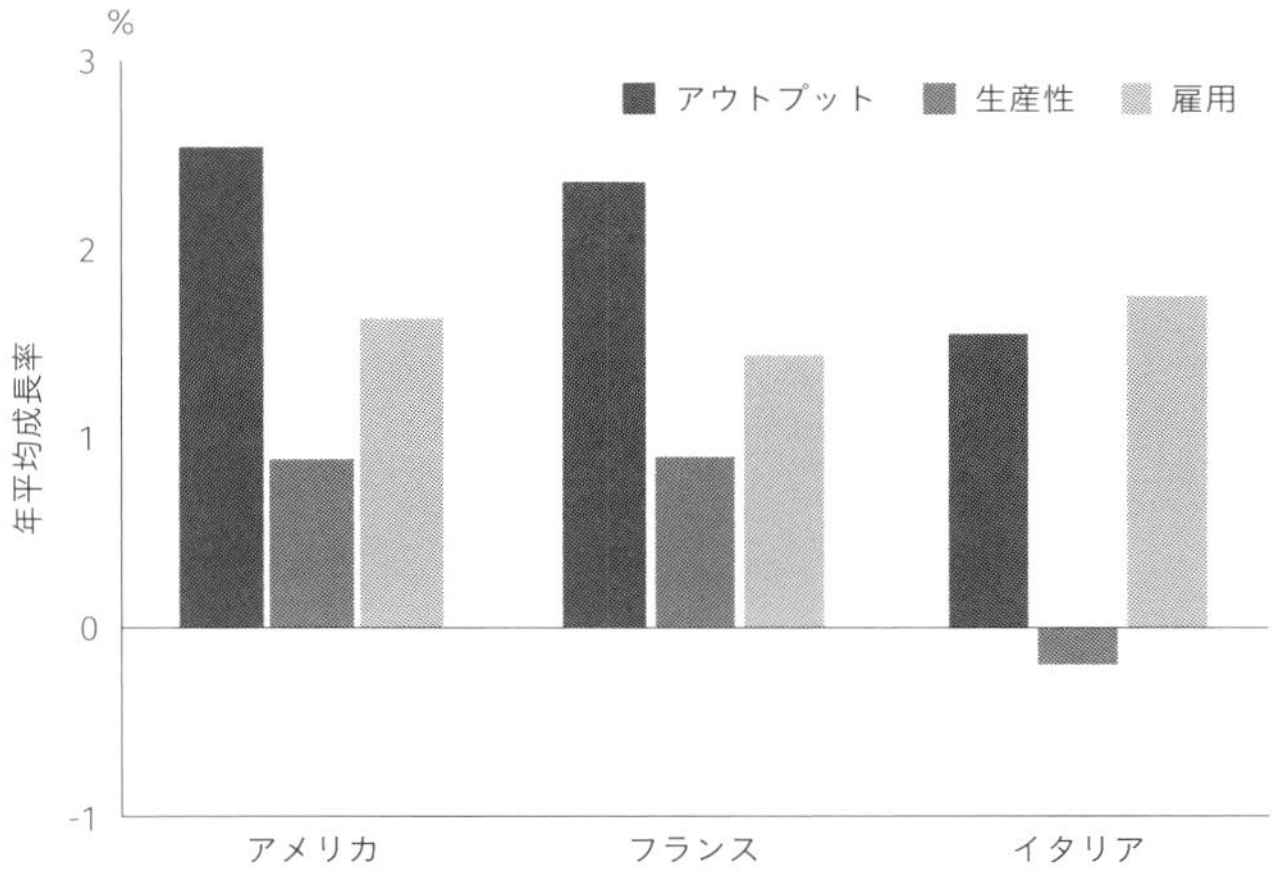

図4-4　タイ、メキシコ、南アフリカのサービス業（1980～2010年）

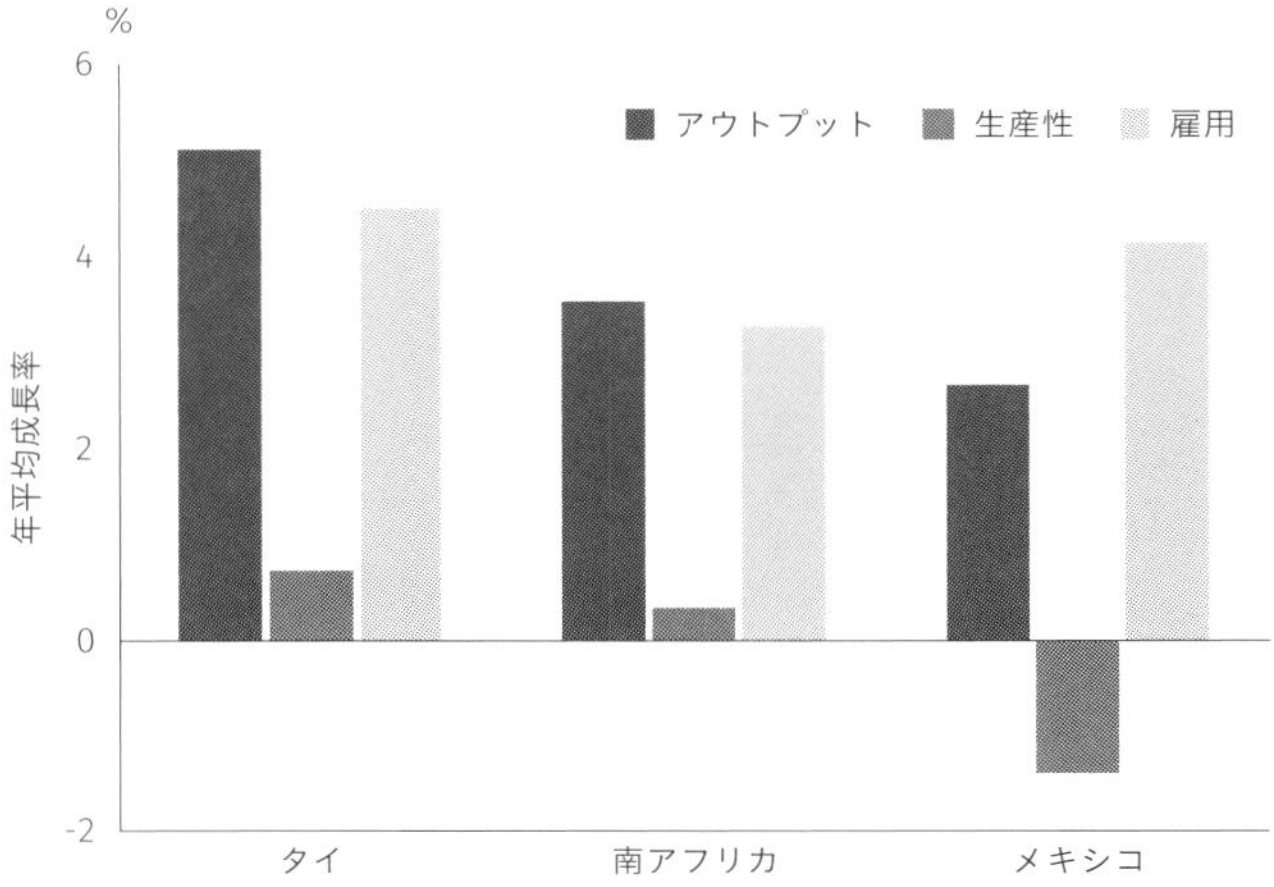

出典：Groningen Growth Development Centre, 10-Sector Database, January 2015 edition.

産能力が過剰になっていることなのであり、これが市場の飽和状態を促進し、アウトプットの増大をあらゆる生産部門で緩慢にしているのである。一九七〇年代にグローバルな労働の脱工業化が始まって以来、大量生産される多くの工業製品が登場したが（たとえば多種多様な家電機器）、むしろ、これらの新興工業は旧来の工業以上に生産能力の過剰に苦しんだ。現在のサービスから派生するセルフサービス製品にも同じことが起こるだろう。そうなれば、現在と同様に、失業者や労働市場への新規参入者は、どんなものであれ依然として人手が集まっていないものから――この特徴がまさにそれらへの就業を半失業状態にしているのだが――仕事を探すほかないであろう。

サービスは需要拡大のために価格効果（生産性上昇によって価格が下がり需要が上がる）に頼ることができないのだから、サービス業での雇用は緩慢にしか拡大しないと考えるべきであろう。ボーモルが指摘したように、サービス部門の価格は、生産性の伸び率の低さによってサービスが工業製品と比較して高価になってしまうという「コスト病」に苦しむことになる。[41] したがって、サービス部門の需要拡大は所得効果に頼るほかない。つまり、サービスにおける需要の成長は経済全体での所得の成長に依存するのである。しかし、このことが意味するのは、工業の成長エンジンが損耗し経済成長率が全般的に低下すると、サービス部門の雇用の伸びも鈍化するということである。これはどの先進資本主義国でも起こっていることだ。ただし、先進国経済では成長率の低下にもかかわらず、法的および制度的枠組みによって不安定就労が認められた職種ではサービス業の雇用が着実に増大している。まさにここに半失業の論理が働いているのである。

生産性を上げなくても、サービスの価格を下げることによって――すなわち労働者の賃金を削減するか、どれほどわずかな生産性の上昇であろうとそれよりもさらに賃金の伸びを抑制することによって――需要を拡大させることができるサービス業もある。[42] サービス業の生産性の伸び率を上昇させることは非常に困難であるため、雇用主には競合他社に対抗し追い抜くために賃金を抑制しようとするインセンティヴが働く。これと同じ論理は自営業者にも働き、仕事の受注額を下げ自身の収入を犠牲にすることによって需要を創出する。サービス労働者の賃金は利用者が支払う最終価格のうちの相対的に大きな割合を占めるため、サービス業はこのような極度の搾取による雇用創出にとって最適な部門なのである。傾向的にみてサービス業の労働生産性は低いため、小規模の家族事業者は自分たちの所得を最低水準にまで抑えることができれば高度に資本化された企業とも渡り合うことができる。とりわけ低所得国と中所得国では、退行的な雇用創出戦略を通じて人々は自ら仕事を考案しており、多くのサービスで生産性の伸び率はマイナスとなってきた。

　企業が所得の不安定な労働者を利用して悲惨な労働形態を生み出すことがどの程度可能かは、各国の労働者保護法制の強さに依存している。これまで見てきたように、各国政府は一般的に労働需要が低迷する経済に介入し、そうした法的保護を削減してきた。実際、これは経済協力開発機構（ＯＥＣＤ）の表立った目的であり、この組織は失業率を下げるために労働の柔軟性を高めることを唱導し続けてきた。一九八〇年代末には、ＯＥＣＤの経済学者は、経済成長率の低迷を考えれば、企業が投資によって資本を増大させ、それによって新たな高い生産性をもつ高賃金の雇用を生み出すことはありそうにないことを認識するようになっていた。それゆえ、「雇用をある程度の速度で拡大させるためには、それを支えるために平均以下の量の資本しか要しないような雇用を大量に生み出す必要があり、結果としてそれらの雇用の実質賃金がそれに対応して控えめになる」ことは「避けられない」ように思われた。そして、「新たに生み出された仕事の平均実質賃金」が「既存の仕事の平均実質賃金」を「下回って」いるために失業率が下がったアメリカ合衆国の例に依拠して、ＯＥＣＤは世界中でこの歪んだ雇用創出戦略を唱導し始めた。[43]ＯＥＣＤの経済学者は経済の停滞がここまで長い間続くとは予想できなかったであろう。しかし、この政策によって社会の分断が進むことは予測できたはずである。

半失業が増加するにつれて、不平等が拡大するのは避けられない。大多数の人々が労働することができるのは、彼らの賃金の上昇が平均所得の伸び率よりも低く抑制されるかぎりにおいてのみなのである。経済学者デービッド・オーターとアナ・サーモンズが述べたように、「賃金総額（労働時間×時給）の伸び率が付加価値のそれよりも低い」ために、「労働の代替は必ずしも雇用や労働時間や賃金の低下を意味するとは限らず」、労働者階級全体の相対的窮乏化に隠れてしまうことがありえるのだ[44]。その結果、実質賃金の平均伸び率と生産性の平均伸び率の間のギャップはさらに拡大し、G20諸国で過去五〇年のあいだに所得が労働から資本へと九％移ることになった。全世界では、一九八〇年から二〇〇〇年代半ばまでに労働分配率が五％下落し、所得の増加分のますます大きな部分がごく少数の資産保有者階級によって強奪された[45]。

不平等の拡大はこうした統計が示すものよりも深刻である。すでに述べたように、労働所得の分布自体が不均等であり、賃金上昇の大部分が管理職層に集中しているためである。OECD加盟国全体で、一九八〇年代末から二〇一〇年代初頭のあいだに労働生産性は平均賃金よりも速く上昇し、平均賃金は賃金の中央値よりも速く上昇した[46]。時間が経つにつれて、劣悪な雇用の増加は自己強化的なものになっていった。そうした経済部門は半失業状態の労働者のプールを活用することで拡大し、それからその継続的な利用可能性に依存するようになる。数々の賞を獲得したポン・ジュノ監督の二〇一九年の映画『パラサイト』で巧みに描かれているように、富裕層や経営者世帯が労働者世帯の成員を雇い入れ、家庭教師、家事使用人、運転手、保育士、個人秘書などの仕事を自分たちの代わりにやらせることが理にかなっているのは、双方の労働力の価格に大きな違いがあるという単純な理由のためなのだ。[47]

これらの傾向が示唆しているのは、オートメーション論者が予言する労働市場の機能不全という黙示録的な危機は訪れないであろうということである。そうではなく、低迷期には失業が急増し続けるであろう。私たちはコロナ不況において再び、しかも極めて巨大な規模でこれが起こるのを目の当たりにした。そして、それに続く弱々しい好況期には、失業はゆっくりとではあるが着実に半失業の深刻化と不平等の拡大へと解消されていくであろう。未来学者マーティン・フォードは著書『ロボットの脅威』において、労働の代替という「新たな現実に経済システムが適応してしまう」ことが最も恐るべき悪夢だと言っている。しかし、これはすでに起こってしまった。マイク・デイヴィスが指摘したように、

「後期資本主義における人類の選別はすでに始まっている」のである。[48]共同の政治的行為によって阻止されないかぎり、今後数十年のあいだに同じことがくり返されるだろう。つまり、農産物や工業製品の国際市場における生産能力の過剰が労働者たちをそれらの産業セクターからサービス業へと追いやり、サービス業の雇用のグローバルな規模でのシェアは現在の五〇%から二一世紀半ばには七〇〜八〇%に上昇するであろう。全体として経済成長率は低いままであろうから、サービス部門が失業者や労働市場への新規参入者を吸収することができるのは、所得の不平等を拡大し、私たちをさらなる脱工業化の憂鬱へと導いていくことによってのみであろう。

これは貧しい者がさらに貧しくなることとは違う。実際、全世界で極度の貧困状態にある人口は都市化の進展によって減少してきている。[49]しかし、貧しい労働者が所得全体の増大に占める割合は、彼らが人口全体に占める割合よりも依然として遥かに小さい。経済学者のトマ・ピケティらが示したように、世界人口の下位半分は一九八〇年から二〇一六年のあいだに所得を（絶対量では僅かだが）倍増させたものの、この増加分は所得全体の増加のたった一二%に過ぎなかった。最も裕福な一%の人口は同じ時期にその倍以上の二七%を強奪している。[50]不平等の拡大にともなって社会的流動性が低下したのである。[51]ミネソタ州で在宅医療助手として働こうが、イタリアで大学の非常勤講師として働こうが、チュニジアの果物行商人だろうが、インドの建設労働者だろうが、ますます多くの人が自分たちは身動きがとれないと感じている。若い新規参入者は、とりわけ家賃が急騰しているところでは、独立した世帯を維持できるだけの賃金を得ることはできない。彼らの多くは両親の家から出て家族を形成することができないのだ。彼らは人生を先へ進めるために負債を抱え、所得水準が相対的に停滞しているために賃金の大部分をローンの支払いに費やしてしまうことになる。[52]

人々を悲惨な状態に追いやる労働市場の圧力に対抗するためには、労働者が自分の利害を押し通すための能力を抜本的に変化させる必要がある。しかし、現在までに組織された労働力の規模は縮小している。OECD加盟国の労働組合組織率は、一九八五年の三〇%から二〇一六年の一六%に低下している。同じ時期に、労働協約の適用範囲内にいる労働者の割合は四五%から三二%に下落している。[53] 全世界の組織率はさらに低下しており、二〇一四年には約七%であった。[54] このような状況のもとで、経済的不平等の是正はますます福祉国家制度の強さと寛大さに依存するようになっている。ところが、そうした制度も経済の停滞に直面して解体されつつある。周期的に緊縮財政に見舞われる停滞した経済においては、その結果として起こる社会の荒廃の責任を移民や女性、人種的および宗教的マイノリティなどの脆弱な層の労働力に転嫁することの方が、新たな解放的な社会的プロジェクトのために団結することよりも容易なのである。

5

銀の弾丸？

オートメーション論は、恒常的な労働需要の低迷と結びついた世界経済の困難な諸傾向を示してきた。この長期にわたる傾向が引き起こしてきた社会的危機は、統計が示すよりも深刻である。ますます多くの人々が、経済にたいして有意義なかたちで参加することから、またそれが生み出すはずの主体性と目的意識を抱くことからも——たとえそれが資本主義社会という悪条件においては限定的だとしても——排除されている。不安定雇用や不平等によってアトム化が増幅されると、人々は、「自国ファースト」を掲げてグローバリゼーションのもたらす諸問題を解決しようとする経済ナショナリズムに魅了されやすくなる。[1] オートメーション論者はナショナリズム的な解決策の危険性を認識している。慢性的な労働需要の低迷は、関税障壁や国境の壁によっては緩和されないからだ。[2] このような決まり文句は現在の危機的状況を悪化させるだけである。

では、他にどのような解決策がありうるだろうか？　オートメーション論者はあたかも別の時代、あるいは別の惑星から来た旅行者のようにこの難問の解決に取り組み、ラディカルな再考を促す。この点に関して言えば、オートメーション化は地球温暖化とよく似ている。一度深刻な問題だと捉えると、人々はそれまでは不可能だと考えられていた社会生活の基本構造の修正についての検討を始める。オートメーション論者は、現在の世界を時代遅れだとし、労働世界の危機を解決するための、新しい示唆に富む提案を大胆に探求するのである。彼らの提案を検討することは、たとえその危機の原因についての分析が誤っていたとしても、有益である。そして、オートメーション論者の提案を評価するにあたって重要なのは、今日の恒常的な労働需要の低迷の真の原因が、長期に渡る生産能力の過剰とその結果としての過小投資にあることを思い出すことである。真の解決は、この鍵となる問題を解決するものでなければならないのだ。

ケインズ主義・リローデッド

オートメーション論者の提案を全体の文脈に位置づけるためには、彼らのすべてが否定する選択肢、すなわちグローバルな過剰人口を吸収するために高水準の固定資本投資を促進するケインズ主義的介入について考えるのがよい。オートメーション論者によれば、世界で起こっている労働の危機をケインズ主義的な方策によって解決することはできない。雇用を破壊する技術革新は、それが完全なオートメーション化という形態をとるのなら、経済がどれだけ急速に成長しようとも、問題となるからだ。ただ実際には、労働需要の低迷は長期的な経済停滞のなかでの絶えざる技術革新に起因しているのだから、もし経済成長率を大幅に引き上げることができるのなら、ケインズ主義による経済への刺激は有効なはずである。だとすれば、ケインズ主義をやってみてもいいのではないだろうか？　だが、実のところ、ほとんどの高所得国ではそもそもケインズ主義をやめてはいなかったのである。

学者の多くはケインズ主義の時代は一九七〇年代に終焉を迎えたと考えているが、実際には多くの意味でこれは始まりに過ぎなかった。第二次世界大戦後の四半世紀のあいだ、ケインズ主義的な景気対策のための財政出動を導入した国は実際にはほとんどなかった。各国政府は収入を上回る財政出動をおこなうのではなく、急速な経済成長を機に、戦時中に増大していた債務を削減した（図5-1）。一九四六年から一九七四年の間に、イギリスは教育や医療、住宅、公共交通機関、そして情報通信インフラへの投資を行いつつ、政府債務の対GDP比を二七〇%からわずか五二%にまで減らしている。[3] G20諸国の平均でも、政府債務の対GDP比は同期間に一〇七%から二三%まで減少している。このデータが示しているのは、第二次大戦後に達成されたとされる完全雇用はケインズ主義の需要喚起策によってもたらされたのではない、ということだ。[4]

むしろ、ここまでみてきたように、戦後の急速な産業発展が、それ自体で、安定的かつ高水準の労働需要を生み出したのである。教育や医療、インフラ設備のための公的支出が民間投資を刺激することはなかった。前者はかろうじて後者のニーズを満たすことができただけであった。第二次世界大戦後には、未曽有の規模の生産能力が稼働した。しかしまさにこの理由から、製造業の国際市場はたちまち生産能力の過剰に悩まされるようになり、資本蓄積のスピードが鈍化し、アウトプットの伸び率も低下した。世界中で生産技術が複製されることで、さらなる急速な市場拡大のための条件が失われていった。その結果が、次々と押し寄せる脱工業化の波と慢性的な労働需要の低迷であった。

景気対策のための財政出動が本格的に始まったのは一九七〇年代に入ってからであり、それはまさに資本投資の減少に対応するためであった。各国政府は大規模な支出をおこない、投資を増大させようとした。それに伴い、一九七四年から二〇一九年にかけてG20諸国の政府債務の対GDP比は二三%から一〇三%に増加した。とりわけ、アメリカ合衆国（一〇七%）やイタリア（一三五%）、日本（二三七%）では、二〇一九年の政府債務の対GDP比が非常に高くなっている。一九八〇年から二〇〇七年にかけて政府債務が一定水準に抑えられていたイギリスを除けば、新自由主義の時代において赤字財政に歯止めをかけることができた国はない。政策立案者は完全雇用を目指すことを放棄していたが、経済が停滞していくなかで、各国政府は景気低迷期にはさらに巨額の債務を背負うようになり、それに続く景気回復も微々たるものに過ぎず、税収を増やすことが困難になっていったのである。[5]

赤字財政によっても高水準の経済成長率を実現できなかったことは、同時期の長期金利がほぼゼロにまで下がっていることを考えると、ケインズ主義の立場からはいっそう驚くべきことであった。というのも、金利の低下は固定資本への投資を促進するはずだったからだ。超低金利に促されて、債務水準は金融関連企業でも非金融関連企業でも、また一般世帯においても劇的に増大した。コロナ不況に見舞われる前の二〇一九年において、公的債務と私的債務の双方を含む債務総額は、経済が成熟した国々で過去最大の対GDP比三八三％（世界全体では対GDP比三二二％）にまで上昇している。[6] これほどにまで債務が累積されていたにもかかわらず、OECD諸国の年平均経済成長率は低下の一途をたどった。一九六〇年代には五・七％であったが、一九七〇年代には三・六％、一九八〇年代には三・〇％、一九九〇年代には二・六％、そして二〇〇〇年から二〇一九年までは一・九％にまで落ち込んでいる。[7] 企業は借り入れを通じて資金を調達したが、それは固定資本への新たな投資にではなく、M&Aや自社株買いに使われた。[8]

図5-1　対GDP比政府総債務残高（1945～2015年）

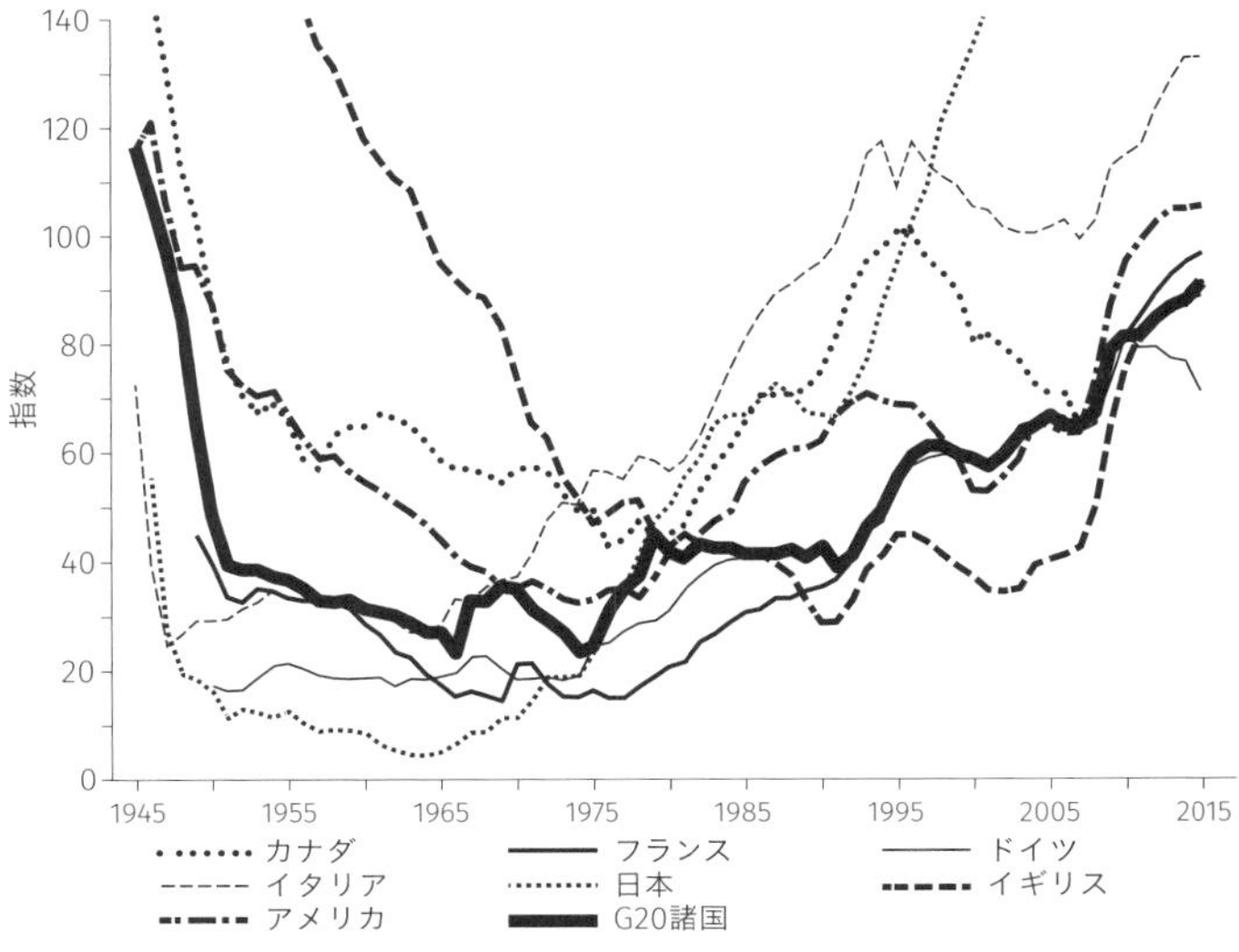

出典：IMF Historical Public Debt Database, 2019.

工業にかわる有望な成長エンジンが存在しないために、需要刺激策は新規民間投資を喚起することがますますできなくなっていく。このことは、コロナ禍で行われた緊急経済対策も、これまでの例と同じように、資本蓄積の新たな起爆剤とはならないことを予告している。経済成長を再生することに失敗した各国政府は、パンデミックが落ち着けば再び緊縮政策を実行することになるだろう。

ケインズ主義政策によって成長のエンジンを再稼働させようとするのではなく、生産活動に人々を配置するための枠組みについて考え直すことが必要なのだ。ケインズ自身もこの目的には賛成したであろう。たとえそれを達成するための手段について見解の相違があったとしてもである。[9] ケインズによれば、「資本が稀少でなくなる点まで」資本が蓄積されれば、利潤率が低下し、アメリカン・ケインジアンのアルヴィン・ハンセンが「長期停滞」と呼んだ成熟経済へ移行していく。[10] 最近になって、ハーバード大学の経済学者であるローレンス・サマーズはこの長期停滞論を再評価している。いまやサマーズは、かつて彼自身が提唱した緊縮政策にもとづく「構造改革」では経済を再生することはできないと主張する。むしろ、「公共投資」によってのみ完全雇用を取り戻すことができるというのである。[11] ケインズも、公共投資の拡大については賛成したであろうが、さらに踏み込んで、成熟経済の始まりは資本主義の時代が終わりに近づいている予兆だと主張しただろう。

成熟経済においては、**労働需要を喚起する**のではなく**労働供給を縮小させる**よう介入し、アウトプットではなく余暇を拡大させる方が合理的である。[12] 民間投資の収益率が長期的に低下していくなかで、労働時間を週一五時間まで減らす必要があるかもしれないとケインズは述べている。しかも、この一五時間ですら、私たちの中の「古いアダム」を満足させるための、つまり自身が役に立っていると感じる必要を満たすためのものでしかなかった。[13] 経済学者の多くは、ケインズのこのビジョンを誤って解釈し、将来の生産性向上に関する労働者の選好についての現実離れした予測だと考えている。あたかも、将来的には労働者が賃上げよりも余暇の増大を選好することによって、三世代に渡って労働時間が短縮するとケインズが言っていたかのように考えているのである。[14] それに対して、英国の経済学者ジョーン・ロビンソンやウィリアム・ベヴァリッジのようなラディカル・ケインジアンは、ケインズの夢見たポスト希少性社会に到達するには、投資水準の社会化や労働時間短縮の法制化が必要だということを理解していた。[15]

ベヴァリッジは、一九四四年の「自由社会における完全雇用」のためのプラン（ベヴァリッジはこれを、賞賛を浴びたイギリス国民保健サービスのための計画の直後に発表した）において、まさにこのことを主張していた。ベヴァリッジは第二次大戦後の二二年以上にもわたる資本主義の発展のための予算を見積もった。最初の二年間を戦争から平和への移行期間に充て、その後の二〇年間は四つの「社会悪である窮乏、疾病、無知、そして不潔」を解決するための公共投資を行う「再建」期間に充てた。ベヴァリッジは、このような発展した社会的基盤に依拠すれば、国家は一九六〇年代後半頃から経済活動を減速させ、「余暇」を拡大することで労働時間を削減し、所得の「公正な分配」をおこなって経済的不平等を縮小することができると考えたのである。[16] ここに化石燃料から再生可能エネルギーへの計画的転換を加えれば、ベヴァリッジのこの計画は、いま議論されているグリーンニューディールの最もラディカルなバージョンに匹敵するであろう。[17] もちろん、各国政府はベヴァリッジの完全雇用政策の導入を真剣に検討しようとはしなかった。かつてのラディカル・ケインジアンのプロジェクトが受け入れられなかった原因を考えれば、今日の類似の計画も上手くいく可能性がほとんどないことが明らかになる。

第二次世界大戦終結後に提案された公共投資主導型の完全雇用政策は、当時の左翼組織が今とは比較にならないほどの力を持っていたにもかかわらず（もちろん当時の左翼組織の多くは公共投資の拡大だけでなく、生産の社会化を求めて闘っていたが）、力尽くで攻撃され完全に打ちのめされてしまった。[18] 巨大資産の所有者たちは、生産を拡大する際にどこにどれだけの社会的資源を投資するか――そしてその結果として経済が拡大するのか、それとも不況に突入するのか――を決めるにあたって彼らが有していた特権を、公共投資が脅かすことをいみじくも理解していた。[19] 彼らが恐れたのは完全雇用そのものではなく、完全雇用が公共投資によって達成されることであった。そうなってしまえば、投資を引き揚げて社会を混乱に陥れるぞと脅しをかけることのできる巨大資産の所有者たちの力が無効化されてしまうからである。戦後直後から今日まで、資本家はこの「資本のストライキ」という階級闘争の重砲を手放さないよう努めてきた。[20] 投資を引き揚げるという脅しをかけることで、資本家は大企業による投資判断が高水準の雇用を維持したり、回復させたりするための条件として尊重されるようにしてきたのである。今日では、投資水準が低迷し、半失業が蔓延しているために、資本のストライキという武器を握る企業の力は以前よりも強力になっている。政府は、ビジネスの環境を改善するためにできることはなんでもやらざるをえない。民間投資が低迷している状況では、政府は公共投資に頼ろうとするかもしれない。しかし、それにともなう経済にたいする資本家たちの支配力の低下を、資本家たちが進んで受け入れると考えるのは間違いである。

資本家から投資にたいする決定権を奪うための試みは、たとえニューディール的労使合意という外皮を纏っていたとしても、妥協策にはならない。オスカル・ランゲが一九三八年に主張したように「私的所有と民間企業を維持したまま、それらにたいして利潤最大化の追求とは異なる行動を強制するのであれば、大規模な投資の統制が必要になるであろう」が、それは「現代の資本主義的産業の金融構造」を混乱させ、民間企業が「自らの経済力を用いて政府当局に反逆する（例えば工場閉鎖、投資の引き揚げ、あるいはその他のサボタージュ的手法によって）」ことを促すであろう。[21] 強力なアクターが不服従の態度をとる可能性があるという状況のなかで、ラディカル・ケインジアンは全面的な社会化を行うという脅しを企業にかけなければならないであろう。この脅しを実効的なものにするためには、私企業を廃止するための明確なプランをあらかじめ構築し、広く共有しておく必要があるだろう。ただし、そのとき、この目的を達成するためには、ラディカル・ケインジアンは主要な社会運動からの支援をえておくことも必要であろう。資産所有者の富の存続を真に脅かすような運動だけが、資本を屈服させることができるのである。とはいえ、公共投資主導型の経済に資本を服従させられるほどの力が社会運動にあるのなら、それ以上のことを要求しない理由があるだろうか？　それほどまでに強力な社会運動が、権力が国家の手へとさらに集中することを許すはずがない（そうではなく、人々が自分たち自身で運営する民主的組織への権力移譲を求めるはずである）。以下で見るように、オートメーション論者の提案するユニヴァーサル・ベーシックインカム（以下、ＵＢＩ）は、資本の持つ武器をみくびるという同様の誤りを、まさにこの経済停滞の時代に犯しているのだ。労働者の力を強化するあらゆる政策は、それが実現するやいなや、資本の引き揚げによって無効化されることになるだろう。[22]

自由にお金をばらまく

ラディカル・ケインジアンと同様に、オートメーション論者も経済を減速させたいと考えている。ただ、彼らは違う方法でそれを達成しようとしている。すなわち、公共投資の水準の引き上げや週労働時間の漸進的削減の法制化によってではなく、使途に制限がない給付金を無条件で全ての住民に配るという方法によってである。[23] 十分な金額が支給されれば、このユニヴァーサル・ベーシックインカムによって貧困はただちになくなるであろう。それはまた不安定雇用の労働者にたいして安定した生活のための手段をあたえることになり、それは半失業が蔓延している時代において決定的な意味をもつ改革となるであろう。UBIを提唱する人々は、UBIの効果がこれにとどまらず、より深い道徳的な次元において社会を再生することもできると主張する。すなわち、UBIがすべての個人の努力にたいして共通の投資が行なわれることを示すことによって、私たちは社会的連帯の感覚を取り戻すことができるというのである。スペインやスコットランドの政府は、アメリカ合衆国の民主党と同様に、コロナ禍に際して緊急に最小限度のUBIを実施することに意欲を見せているが、パンデミックが終わったあともそれが恒常的なものになる可能性もある。[24]

アメリカのように、レイシズムが貧困者を軽蔑とまでいかずとも疑いの目でみるような福祉プログラムを生み出した国においては、資力調査が前提となる公的扶助から普遍的給付に移行することは、それ自体が歓迎すべき公正への第一歩だということができる。他方で、サブサハラアフリカのような低所得地域においては、UBIは貧困者向けの新たな福祉プログラムを可能にし、資力調査のための複雑なインフラを国家が構築する必要をなくすかもしれない。[25] UBI支持者間での議論の焦点は、支給金額をどの水準にするか、高所得者には課税して返還させるべきか、既存の福祉国家を補完するのか、あるいはそれに取って代わるのか、そして対象者は市民に限定されるのか、それとももっと幅広い人を対象にするのか、といった問題にある。[26]

オートメーション論者からすれば、UBIは彼らの掲げるビジョンの中心的難問に答えを与えてくれる。すなわち、人間の労働の大部分が、あるいはその全てが時代遅れのものとなる世界において、いかにして人々に所得を提供し、彼らの選好に価格をつけるのかという問題である。UBIはまさに、オートメーション化がもたらす悪夢のシナリオをポスト希少性の夢へと書き換える技術的解決策なのである。このような前提に立って、オートメーション論者はしばしば、UBIを左派から右派まで賛同できる中立的な政策手段として提示し、緑の革命が世界を飢餓から救うとされたのと同じように、UBIがグローバル規模での失業および半失業の問題を解決できるのだと主張する。オートメーション論の核心にある技術決定論と、そのテクノクラート的解決策への傾倒には強い親和性がある。どちらの立場も、難解な社会的および政治的問題を客観的事実と捉えられるものに転化することによって、それらの問題を抹消してしまうのである。

もちろん、このようなテクノクラート的中立性は幻想に過ぎない。その実施の仕方次第では、UBIは人類の繁栄には寄与することのない全く別の方向に私たちを導く可能性がある。[27] オートメーション言説が提示する市場に基礎を置いたポスト希少性のビジョンを批判することは、非市場的なオルタナティブの輪郭を浮き彫りにするのに役立つだろう。

そもそも、UBIというアイディアはオートメーション化言説が出現する遥か以前から存在していた。その起源をトマス・ペインにまで遡る見解もある。ペインは成人時に全ての人に対して一時金を支給すべきだと早くも一七九七年に主張していたからである。[28] ペインは古典的ロック主義の立場からこの成人時の一時金支給を正当化した。全ての土地はもともと共同で所有されていたが、それが後に分割され、私的に所有される土地区画になった。それゆえ、将来世代は全人類の遺産の正当な分け前に与ることができなくなってしまったのである。ペインにとって成人時の一時金とは、地球の共同ストックにおける各人の取り分を現金化したものであり、それによって誰もが私的所有の世界に参画できるようにするものだった。ベーシックインカムの発想を先取りしていたペインの提案は、ポスト希少性の世界を生み出すものではなく、むしろ私的所有に基づく社会の道徳的基盤を確保するためのものだった。

二〇世紀の新自由主義的な経済学者も、同様の理由からベーシックインカムを支持した。フリードリヒ・ハイエクとミルトン・フリードマンは、負の所得税という形のUBIを支持し、それを福祉政策の代替物にしようとした。貧困を削減するための公的プロジェクトに予算を配分するよりも、人々を貧困線以上の水準に引き上げるだけの現金の給付を行うべきだと主張したのである。[29] この提案はフリードマンの新自由主義的世界観と一致するものであった。[30] フリードマンは、政府は民間の活動を公的な事業（公教育、医療、住宅、環境規制など）によって補完することで市場の失敗を解消するのではなく、人々の生活のより多くの領域を価格メカニズムの内部に組み込むようにすべきだと主張した。フリードマンにとって市場とは、自由、責任、そして自尊心の基盤であった。このような世界観に基づけば、貧困者に必要なのは公的支援ではなく貨幣であり、それによって市場に再び参加できるようにすることなのだ。

今日、右派によるもっとも極端なＵＢＩ論は、フリードマンからバトンを受け取った、悪名高いレイシストの社会批評家チャールズ・マレーの著作にみることができる。マレーによれば、ＵＢＩは貧困をなくすだけでなく、西洋の没落を食い止め、西洋人の疲弊した魂をキリスト教信仰と一夫一婦婚に引き戻すことができるという。ＵＢＩの給付水準を月額一〇〇〇ドルにすべきだという主張はマレーに由来するものであり、これは個々人の生活の基本的なニーズではなく現在の福祉国家制度を維持するためのコストに基づいている。マレーの主張は極めて単純で、今日の福祉国家を解体して、その財源を直接人々に補助金として配分すべきというものである。[31]

近年出版された他のＵＢＩ提唱者による著作と同じように、マレーは『私たちの手に』の最新の版において、オートメーション化に対応するためにＵＢＩはこれまで以上に必要なものになっていると述べている。だが、実のところ、マレーのＵＢＩ論はオートメーション論とは大して関係がない。[32]彼のＵＢＩ論は、福祉国家の諸制度が経済的に非効率なだけでなく、魂を破壊するものでもあるという信念に基づいている。それらの制度は各個人が人生を意味づけするための本質的源泉を国家へと疎外してしまい、その結果として人々は互いを知ることもケアしあうこともなくなり、真の幸福を得られなくなるというのである。マレーは、その代わりに、貧困や薬物中毒などの社会問題は、信仰や社会的価値といった道徳的世界に根差した「自発的結社」をつうじて、それらの問題の生じているコミュニティが直接的に対処すべきであると主張する。ＵＢＩは、現在その解決を担っている福祉制度を解体するとともに、各個人に社会的賃金を提供し彼らの時間を解放することによって、そのような自発的結社の形成を促すとされる。[33]

右派によるこのような提案の特徴は、最初から経済的不平等を解決することを目的としていないということである。マレーは所得再分配政策を憲法改正によって禁止すべきだとさえ主張しており、このためUBI導入後も不平等は拡大し続けることになる。マレーのUBI論とは、慢性的な労働需要の低迷に特徴づけられ、不平等がさらに拡大していく社会において、貧困層にはこうした現状を受け入れやすくしつつ、同時に裕福な市場参加者が際限なく富を蓄積できるようにするという憂慮すべきビジョンなのである。[34] はっきりとしているのは、UBIが導入されるとすれば、それは左派の主張する対案ではなく、このような右派のバージョンに近いものになる危険性が高いということだ。実際、いまシリコンバレーで盛んに議論されているのは、まさにマレーの主張するようなUBIである。そのうえ、本書で言及されるオートメーション論者のほとんどは、このバージョンのUBIに影響を受けている。

それでは、左派によるオルタナティブなUBIはどうだろうか？　最大の違いは、左派のバージョンは財政規模が遥かに大きくなるという点である。人々にささやかでも豊かな暮らしができるだけの給付を行うことを目的としているからだ。おそらく最も著名で信頼のおけるUBI提唱者であるフィリップ・ヴァン・パリースは、中道左派の平等主義的立場から、人々の基本的ニーズを満たすのに十分なだけの給付を、福祉国家を解体することなく実施するよう求めている。彼は、ヤニック・ヴァンダーボートとともに、給付額を一人あたりＧＤＰの二五％にすることを目指している。これはアメリカであれば一世帯あたり年間四万ドルほどになる。これを現実的なものにするために、彼らは一部の人への「適度な水準」の支給から始めることを推奨している。ＵＢＩ導入に際しては、政治の正面玄関を破って入るのではなく、その「裏口から入」らなければならないのであり、たとえば、コミュニティ奉仕活動などのような「受給条件」をつけ、さらに「選択的移民」のＵＢＩ導入国への流入を避けるために受給対象者を限定することなどを彼らは提案している。[35]

左派のＵＢＩ提唱者は、はじめは小規模であっても将来的には自由を獲得できる大きな未来につながると主張する。小口であっても毎月一定金額が給付されることでコミュニティを活性化させることができるからだ。[36] それゆえ、このような議論は、ＵＢＩの拡張によって自発的結社が発展していくと考えている点において、右派による主張とほとんど変わらない。違いはといえば、右派が教会やロータリークラブの発展を考えているのにたいして、左派が労働者協同組合、消費者協同組合、労働組合、そして集団的ケア組織や市民農園を強化することを目指しているという点である。未組織者を組織することを通じて、低水準のＵＢＩは高水準のＵＢＩの実現を、あるいは高賃金の実現を強力に後押しする社会的基盤をもたらし、それによって全般的な経済的平等がより高い水準で達成されるというのである。[37]

左翼のオートメーション論者はこのＵＢＩの提案をさらに極端な水準まで推し進める。ニック・スルニチェクやアレックス・ウィリアムズのような反資本主義的オートメーション論者にとって、高水準のＵＢＩはまさに完全**失業**への移行を促進するために不可欠なものである。[38] 今よりもラディカルだった頃の若きヴァン・パリースが執筆者の一人である論文「コミュニズムにむけての資本主義の道」に依拠しながら、スルニチェクとウィリアムズは、オートメーション化が進むにつれて、ＵＢＩの価値は全ての財やサービスを購入する力をこの代替的分配メカニズムによって与えることができる水準にまで高くなる必要があると主張する。そうすれば、不平等が根底的に是正されるだけでなく、その極限においては、賃労働を克服した社会に到達することができるというのである。さらに、彼らは共著『未来を発明する』において、ＵＢＩはもっと多くのことを成し遂げることができると述べている。ＵＢＩは、赤い楔として機能することによって、完全にオートメーション化された世界への移行を加速化させる手段になるというのだ。高水準の最低所得保障が提供されれば、労働者は仕事を拒否することができるようになり、これによって経営者は仕事をやりがいのあるものにするか、もしくはオートメーション化して仕事自体をなくすことを余儀なくされる。[39] ＵＢＩは末期の資本主義経済を安定化させるための手段ではなく、「経済問題」が解決され、人々が思い思いの人生を送ることができるようなポスト希少性の社会へと向かうための手段になる。これを実現することができれば、人類の究極の地平にかかわる重要な問題が現れる。労働からの解放とは、ケインズが想像したように趣味にふけることなのだろうか？　それとも、イアン・バンクスのＳＦ小説で描かれているように、宇宙船を建造して星々を探索することなのだろうか？[40]

限界

リベラルで平等主義的な形態をとるＵＢＩには魅力的な側面が多くある。とりわけ貧困とそれに関連した心身の病をある程度まで緩和することができれば、最低限の再分配であっても、それ自体では歓迎されるべきことである。グローバルな規模の炭素税と合わせて導入すれば、ＵＢＩは気候変動の影響を抑え込むことに一役買って、困難をともなうエネルギー転換の過程での雇用創出と雇用喪失のバランスを心配することなく、カーボンニュートラルな経済に私たちを導くことができるかもしれない。[41] ただし、たんなるテクノクラート的解決策にとどまらず人類を解放へ導く社会的プロジェクトにまで発展するには、ＵＢＩは諸個人を劇的かつ永続的な社会変革のために闘うようにエンパワーしなければならないであろう。しかしながら、ＵＢＩにそのような効果があるかは疑わしい。

まず、ＵＢＩ提唱者が指摘するコミュニティの発展について考えてみよう。分析の一貫性だけを考えれば、左派よりも右派のバージョンの方が説得力を持っている。右派のＵＢＩ論者によれば、社会的連帯の紐帯は人間の諸力が国家の諸制度へ疎外されることによって破壊されてしまったのであり、したがって福祉国家を解体すればこの紐帯を再生することができる。これに対して左派はつねに、人間諸力の資本への疎外を国家への疎外と少なくとも同程度には重要なものとして論じてきた。結局のところ、今日、私たちが生活上必要とするもののほとんどは、公的な官僚制によってではなく、私的な官僚制によって提供されている。巨大企業がありとあらゆる商品を生産し、個々の世帯はそれらを消費しているのだ。[42] 交通やコミュニケーション、食事、エンターテイメントの各様式が、すべてこの市場の内的論理に合致するように変容させられてしまっている。人々は通勤に——一斉にだが基本的には一人で——一日何時間も費やし、車にすわり、マクドナルドを食べ、スマートフォンで猫の動画を探している。ソーシャルメディアアプリは孤独感や社会的孤立の蔓延を解決できると考えられていたが、実際には問題を更に深刻化するだけだということが様々な研究で明らかになっている。[43] 人口密度の高い都市部では、コロナウイルスがこのような資本主義の論理を極限まで推し進めた。中産階級の人々は自宅に引きこもって、必要なものは何でもオンラインで注文するようになった。一方、力のある企業はサプライチェーンの再編に取り掛かり、非接触型の配達に大量の労働者を——彼らの仕事は突如として新しいリスクに十分な見返りもなくさらされる——動員した。[44] これらの事例が示唆しているように、すでに個々人をアトム的存在に矮小化するよう設計されている経済は容易にUBIに対応することができるだろう。

では、UBIが導入されることで、経営者に対する労働者の力が増すという主張はどうだろうか。端的に言って、このような主張は本末転倒である。というのも、社会関係を変革することができるほどに巨額なUBIを勝ち取るためには、そもそも労働者に力がなければならないからだ。さらに言えば、仮にUBIが人々に今以上の闘う力を与えたとしても、それが人類の解放という、より大きな目標にむけての実行可能な道を提示するものであるかは明らかではない。UBIが資本主義からの脱却という左派のビジョンの基盤になるためには、オートメーション論者の分析が正しくなければならない。すなわち、今日起こっている労働需要の低迷が急激な経済の変化にともなう生産性の急速な上昇に起因するものでなければならない。もしそうであれば、社会が直面する最大の問題は生産ではなく分配のあり方の再編成であり、経済的不平等の拡大をUBIの給付による所得の分配で是正すればよいということになる。しかし、私が述べてきたように、現在の労働需要の低迷がグローバルな規模での生産能力の過剰と投資の停滞――これらが経済成長率を低下させている――の結果であるのなら、そのような分配のための闘争はすぐに資本と労働とのゼロサム的対立となり、自由な未来にむけての歩みを阻止するか、少なくとも劇的に鈍化させることになるだろう。それゆえ、私たちに必要なのは、経済を制御する力を資産所有者から奪い取るためのプランなのである。しかし、UBI提唱者は、生産にたいする資本の影響力をいかに制限するかについてほとんど言及していない[45]。

UBIは、人々が得る所得を彼らが行う労働から切り離すという立派な目標を掲げているが、それは所得と資産の関係を変化させることにはまったくつながらない。総所得のうちの大きな部分が利子（貸付から）、レント（土地や住居の貸し出しから）、そして利潤（事業を運営することから）から生じているシステムに私たちは拘束され続けることになる。つまり、UBIは資本から力を奪うことなく労働者に力を与えるのだ。「動物的機能」の充足においてはこれまで以上の自律性が人々に与えられることになるが、彼らがそれをおこなうためのより広範な社会的条件の形成にあたってはどんな役割の増大も認めないのである。[46] 利潤動機は依然として経済の原動力であり続けるだろう。巨大資産所有者が投資を決定する力を保持しており、それが経済が拡大するのか、それとも縮小するのかを規定し続けることになるからである。ここで、ＵＢＩのラディカルな提唱者はラディカル・ケインジアンと同じ袋小路に陥ることになる。資本は相変わらず**資本のストライキ**という武器を――すなわち投資の引き揚げと資本逃避によって社会を混乱に陥れることができるという資本所有者の特権を――使うことができるのだ。過去四〇年間、生産能力が過剰であり、経済成長が鈍化している状況において、資本家はこの武器を脅しに使い、政治政党や労働組合を自分たちの要求に従わせてきた。すなわち、企業活動にたいする法規制の緩和、労働規制の緩和、賃金水準の抑制、そして、経済危機下での民間企業への救済策と財政緊縮などといった要求に従わせてきたのである。

それゆえ、もし左派がこれまでとは異なった社会へと導くためにＵＢＩを導入しようとするなら、資産所有を社会全体へ計画的に移譲させることによって革新的な生産手段の社会化を実現しようとしたメイドナープランに相当するものを提示することが必要となるだろう。[47] だが、問題は、一九七〇年代の危機に際してまさに資本の引き揚げという脅迫が行われ、それによってスウェーデンでメイドナープランが放棄されたということなのである。このような計画を、労働者階級の組織の力が大幅に低下し経済成長が鈍化している状況で実行に移すことは、これまで以上に困難であろう。低水準のUBIを高水準のものへと引き上げようとする試みにたいして資本のストライキが行なわれれば、たちまち経済は危機に陥り、UBI提唱者はポスト希少性社会への移行をそのための条件がまったく整っていない状況で強行するか、さもなければ後退することを余儀なくされるであろう。このような「命がけの跳躍」に直面したとき、革新政党はいつも立ちすくむだけであった。[48] それゆえ、UBIが無償の贈与社会への近道となることを想像するよりも、私的所有に基づく今よりもさらに停滞した不平等な社会の支えとして、低水準の給付に固定化されることを想像するほうが遙かに容易なのである。

世界中で総労働需要が低迷していることは、とりわけ差し迫った環境危機と相まって、世界の過剰人口問題を経済的に解決できるほどの成長を実現することを不可能にしている。同時に、そもそもこのような状況を生み出す原因となっている経済成長率の低迷のために、資本家は投資決定にたいする自らの支配力を脅かすようなあらゆる改革を激しく攻撃するようになっている。まさにこれが世界の現状であり、政治的可能性の検討はここから始めなければならない。生産を掌握することだけが、最終的には投資決定を制御する力を資本家から剝奪し、資本のストライキを無効化するのであり、ポスト希少性の未来に向かう道を切り開くことができるのである。

6 必要性と自由

オートメーション論者のテクノロジーの進歩にかんする主張にたいして、私と同じように、疑問をいだいたとしても、ポスト希少性社会に向けた未来を構想しその道筋を描こうとする彼らの試みが彼らの理論の最も魅力的な側面であることには変わりない。なぜならそれは、この死に絶えつつある世界をいかに再構成すれば、新たな社会的存在様式を構築することができるのかという問いを私たちが立てることを可能にするからだ。解放的プロジェクトの再生を目指すのであれば、このようなビジョンについて考えることは決定的に重要である。とりわけ、それが実現されるのは遠い未来だと考えられるのだから、なおさらだ。一九世紀の社会主義者たちは自分たちが目標の達成から遠いところにいることを知っていたが、それでも自由な未来社会にむけての彼らのビジョンは、彼らの運動を活性化させ、彼らがその大義名分のもとに危険を冒すことを可能にしたのだ。一九三九年にあっても、詩人であり劇作家でもあるベルトルト・ブレヒトはまだ次のように書くことができた。「私たちの目標は遥か彼方にある。それははっきりと見えている」、と。[1] いま同じことを言う人はほとんどいないだろう。

私たちは、頑強な新自由主義が民族ナショナリズムの怒りを引き起こし、ますます大規模かつ高頻度になっていく気候危機をもたらすという時代に生きているだけではない。私たちは、真のオルタナティブについての具体的なアイデアを持ち合わせていないのである。計画経済は、経済的に非合理的であるだけでなく、エコロジー的にみても破壊的であることが明らかになった。それは倉庫を粗悪な生産物で埋め尽くすだけでなく、独裁的官僚主義に陥ってしまう傾向があるのだ。ヨーロッパの福祉国家とケインズ主義的完全雇用政策は、低成長と継続的な脱工業化という状況に対応することができないことが明らかになった。[2] 他方、社会運動は新自由主義の攻撃にたいして防御線を張るだけで精一杯であったが、それはたんに奈落の底へと落ちる速度を緩めることにしかならないであろう。

ゆえに、「未来を求めよ」[3]。確かにそのとおりだ。だが、どのような？　特筆すべきなのは、多くのオートメーション論者が自由な未来社会の代表例として『新スタートレック』を挙げていることだ。一九八〇年代後半に始まったこのシリーズにおいては、「レプリケーター」と呼ばれるテクノロジー――要するに非常に高性能な3Dプリンター――によって経済的希少性の問題が解決されており、人々は貨幣も市場も存在しない世界で暮らしている。[4] 市民科学者たちは生計を心配することなく、自由に銀河を探索し、「大胆に誰も行ったこともない場所へ行く」のである。だとすれば、問題はこうだ。レプリケーターなしに、つまり、たとえ完全なオートメーション化が夢であることが明らかになったとしても、私たちはポスト希少性社会を展望することができるのだろうか？

ほとんどのオートメーション論者は、生産の掌握ではなくテクノロジーの進展に焦点をあてることによって、一五一六年のトマス・モアの『ユートピア』から現代のトレコノミクスにいたるまで、ポスト希少性社会を作り出すための基本的な前提条件と考えられてきたもの放棄してしまっている。この前提条件とは、近年のオートメーション論者の多くが主張してきたような、貨幣の自由な分配ではなく、計画的協働を実現するために私的所有と貨幣を通じた交換を廃止することである。[5] 彼らがこの重要な目標を放棄してしまう理由の一つは、彼らの思考の出発点が誤っていることにある。彼らは完全なオートメーション化が達成されるという想定から出発し、それから大量失業から人類を救い、あらゆる人間の尊厳が守られた世界を創造するために、いかに社会を変革する必要があるかを問うているのである。この思考実験はその順序を逆にすることができる。完全にオートメーション化された経済を前提にして、より良き自由な世界を創造することを構想するのではなく、私たちはあらゆる人間の尊厳が守られる世界から**出発**して、それからそのような世界を実現するために必要な技術革新について考えることができるのだ。

ポスト希少性の伝統

もし、突然、すべての人が十分な医療や教育、福祉にアクセスできるようになり、自分たちの能力を最大限発揮することができるようになるとしたら、どうなるだろうか？ 個々人の能力を最大限発揮できるような社会においては、各人は全面的な社会の支援を受けながら自身の興味関心や能力を発展させることが可能になるであろう。このような未来を実現するためにいま変革しなければならないことは何であろうか？ 能力を最大限発揮することができる社会では、すべての人の情熱は等しく追求する価値のあるものとなるであろう。特定の人々にごみ収集や皿洗い、保育や土地の耕作、あるいは電子機器の組み立てが一生押し付けられ、それによって他の人々がほしいままに生きることが可能になるということもない。一部の人々を、サウスカロライナの奴隷主であるジェームズ・ヘンリー・ハモンドが述べたように、「最底辺に」追いやり、その他の人々の状況を改善させようとするのでなく、必要な労働を、すなわち労働以外のあらゆる活動のための基盤としての役割を果たすことができるような労働を配分するための新たな方法を私たちは考えなければならないのである。[6]

オートメーション論者がテクノロジーに期待を寄せるのにたいして、カール・マルクスやトマス・モア、エティエンヌ・カベーやピョートル・クロポトキンなどといったポスト希少性理論の創始者たちの多くは、この謎を解くためにデウス・エクス・マキナを呼び出す必要はなかった。彼らは、ポスト希少性は生産のオートメーション化なしに実現可能だと主張した。彼らによれば、必要なのはむしろ、社会生活を別々ではあるものの相互に関連する二つの領域、すなわち必然性の領域と自由の領域に再編することなのである。[7] この二つの領域の区別は古代ギリシャにその起源がある。もっとも、アリストテレスはこれを人間の区別に用いた。奴隷は必然性の領域に追いやられ、自由の領域には市民しか入ることができなかった。アリストテレス自身は逆オートメーション論者であり、自動機械が存在しないことを理由に奴隷制を正当化した。「もし、すべての道具が、呼び出されたとき、あるいはそれ自身の意志で、それにふさわしい仕事をすることができるのなら、親方のための見習いも、領主のための奴隷も必要ないだろう」、と。[8] アリストテレスによれば、このような機械が存在しないことが奴隷制を不可避にするのである。

トマス・モアのビジョンに「金の鎖」で飾られた奴隷が登場しないわけではなかったが、モアはこの階級間の区別を個々人の生活における内的な区別に転化した。モアはプラトンの『国家』や初期キリスト教徒――彼らは「*omnia sunt communia*」、すなわち万物は共有であるという原則に基づいて生活を送っていた――から示唆をえて、想像上の島である「ユートピア」の住民に貨幣と私的所有を廃絶させた。「私的所有が存在し」、そして「万物が貨幣によって測られてしまう所では」、「国家の正しい政治と繁栄とは望むべくもありません。もっとも、正義の行われている国とは一切のものがことごとく悪人の手中に帰している国のことであり、繁栄している国とは一切のものがあげて少数者の独占に委ねられており（といっても必ずしもその連中が幸福にくらしているわけでもありません）、他の残りの者は悲惨な、乞食のような生活をしている国のことであるとすれば、勿論話は別ですが」。初期農業資本主義の時代に生きたモアは囲い込みに嫌悪感を抱いていた。牧羊場の確保という目的のために、農民が「自分の土地から追い出され、詐欺奸計に引っかかるか、それとも烈しい圧迫に屈伏」させられていたからだ。日々の食べ物を確保するために盗みを働かざるをえなかった貧困者たちは投獄されるか、即座に処刑された。モアは、一部の人々が富を得るために貧困や死に追いやられる人々が存在するという明らかに不条理で残忍なこのシステムに代わって、必要労働を共同でおこない、自由の領域を全ての人が享受できるようにすべきだと主張した。まさに、『ユートピア』においては、「全ての市民が肉体的労働からできるだけ解き放たれ、精神の自由および発展のために時間をさくことができるようになるというのが、この国家の一義的な目的とされている」と述べられている。怠け者階級――アリストテレスは彼らを自由人と呼ぶ――は解体され、怠ける時間が皆に等しく与えられることになる。[9]

それから三〇〇年以上あとに、この思想は亡命中のルソー的共和主義者エティエンヌ・カベーに大きな感銘を与えた。カベーは大英博物館でモアの『ユートピア』を読んで即座に転向し、ポスト希少性を自らの社会的理想としたのである。カベーは『イカリア旅行記』(一八四〇年)という論文のなかで、「財の共同体」を提唱している。[10] モアが求めた貨幣と私的所有の廃止に加えて、カベーは必要労働の範囲を縮小するために先進的な機械の導入を提起したのである。これらこそが一八四〇年代初期のフランスの共産主義者に大きな影響を与えた思想なのであり、マルクスもまた、これらの共産主義者の影響のもとで青年期のリベラル共和主義から脱却したのである。[11] マルクスはフランスの平等主義的共産主義者——彼らはフランソワ・ノエル・バブーフの信奉者であった——の禁欲主義を批判している。マルクスとエンゲルスが『共産党宣言』を著した際にはカベーはすでにキリスト教神秘論者になっており、マルクスがカベーに直接的に言及したことはほとんどない。にもかかわらず、マルクスは共産主義の旗印となった有名なスローガン「各人はその能力に応じて、各人にはその必要に応じて」をほとんどそのまま『イカリア旅行記』の「各人にはその必要に応じて、各人はその力に応じて」から引用することをためらわなかった。[12] ポスト希少性についてのマルクスの思想は、大部分、それまでのモア主義者の主張に依拠しているのである。[13]

さらに、マルクスはモアとカベーを超えて、彼らが目標とするポスト希少性の世界は大衆行動によってしか実現しえないと主張した。つまりそれは、プラトンやモア、ルソーやカベーが考えたような、賢い立法者が高みから手渡してくれるようなものではないのだ。だからこそ、マルクスはパリ・コミューンに大きな感銘を受けたのである。[14] パリ・コミューンは短命に終わったが、労働者たちは民主的な自治政府の新たな様式を発明し、定期的に選出される政府当局者を即座にリコール可能な代理人に置き換えた。パリ・コミューンの崩壊後、エリー・ルクリュなどの亡命者がヨーロッパ中を巡り、ピョートル・クロポトキンなどの革命家と関わりを持つことになった。クロポトキンは後に、民主的に組織されたポスト希少性社会をいかにして構築することができるかについて詳細な記述を残している。クロポトキンはポスト希少性社会における自発的なアソシエーションの役割を強調した。彼は、貨幣と私的所有が廃絶されて必要労働が共同で行われる世界では自発的なアソシエーションが発展していくと考えたのだ。[15]

これらの思想は社会主義計算論争の最初の標的となったオットー・ノイラート、さらにはW・E・B・デュボイス、ジョン・デューイ、カール・ポランニーといった多様な論者によって様々な形で取り上げられた。彼らは皆、女性も男性も含めた民主的アソシエーションが市場の支配にかわって協働的生産を実現するような世界を展望し、そして、資本主義的テクノロジーを利用することで、共同の必要労働を縮小し、諸個人の自由の領域を拡大することを目指したのである。デュボイスは「未来の産業民主主義社会」においては各人の必要労働はわずか「三時間から六時間」で「十分」になり、「余暇や運動、勉強や趣味のために潤沢な時間」が残されると考えた。デュボイスによれば、誰かが芸術にふけるために他の人々に「雑用」を押し付けるのではなく、我々の「皆が芸術家となり、皆が他人のために働く」ことになるであろう。のちに「社会主義」や「共産主義」がスターリニズム的な計画経済や急激な産業化と同一視されてしまうまでは、まさにこのようなポスト希少性のビジョンこそが、多くの人にとって「社会主義」や「共産主義」という言葉が意味するものだったのである。[16] 以下では、このビジョンの構成要素を検討することをつうじて、いかにして、生産の掌握という基礎のもとで、その能力が十分に発揮できるようになった諸個人が恒常的な需要の低迷という現代の問題を解決し、社会的解放をもたらすことができるのかを素描することにしよう。

協働的正義

必然性の領域において、私たちは集団的再生産のために必要な労働を配分する。そうすることで、私たちがしたいと欲するその他すべてのことが可能になるための条件が作り出される。これらの必要労働の正確な範囲はアプリオリに決定することはできず、民主的な議論をつうじて決定されなければならないであろうが、それは生活に必要な全ての財やサービスを含むことになるだろう（住居や食料、衣料、共有の中間財や最終財、公共衛生、水道、電力、医療、教育、保育、介護、情報通信や交通手段、等々）。一般的に、ポスト希少性論者はこのような共同労働は一日あたり三時間から五時間（現在の標準労働時間の約三分の一から半分）になると概算している。ただ、それが一週間のうちの特定の期間や生涯のうちの特定の時期に集中する可能性はある。労働の社会的配分のために労働時間以外の指標も用いられるかもしれない。たとえば、個々人の適性や嗜好を考慮して仕事を配分することもできるだろう。一部の仕事はそれぞれの地方で行われる必要があるが、その多くは高度なコンピュータ技術を用いて地域的な、あるいはグローバルな規模で計画されることになるだろう。

もちろん、必要労働の多くは、専門的スキルが必要になるため、広範に配分することは難しい。私たちは農民や建設労働者、医師、電気工事士、機械工などを依然として必要とするだろう。とはいえ、諸個人の能力が最大限発揮される社会においては、このような専門性もより均等に配分されることになるだろう。ユートピア小説家のエドワード・ベラミーは小説『顧りみれば』（一八八八年）において、ポスト希少性社会において分業を組織するための一つの方法を提起した。そこでは、労働の供給と需要は、人々がどのくらいの給料を稼ぐのかではなく、人々が何時間働くのかを決定する。熟練を要する仕事は高額の支払いによってではなく労働時間の短縮というかたちで報われ、危険を伴う仕事やとりわけ困難な仕事は、一種のセレブのような社会的尊敬を獲得する。今日でも普通教育と職業教育のどちらを優先するかについてそれぞれの社会で制度的に異なっているように、分業によって重要な仕事が行われなくなったり、技術者というエリート階級を再生産することがなければ、この問題に対する解決策が一つである必要はない[17]。

このようなワークシェアリングの結果、現在余剰労働者とされている人々も含め、より多くの人々が必要労働に関わることになり、それに応じて一個人が行わなければならない仕事量は減少する。障害のある人に手当が支給されるのはもちろんのこと、長期間まったく労働に従事しなくてもよいようにするための手当も万人に支給される。人々はその間、休息したり、旅行に行ったり、悲嘆にくれたり、カルチュラル・イマージョンに取り組んだりすることができる。このように必要労働を配分するためには、その性格が根本的に変革されなければならないであろう。歴史的に女性を世帯内生産の「隠れ家」に追いやってきた、アンペイドワークとペイドワークとの社会的区別は廃止されなければならないだろう。さらに、生産と消費は、他の社会的およびエコロジー的な配慮から切り離された終着点としてではなく、一つの循環として捉えられなければならないだろう。[18] そして、製作者、農民、調理師、清掃員、技術者、および芸術家の間の調整は、「共同的なラグジュアリー」の新しい形態の基盤となりうるだろう。[19]

このような最初の変革が完了すれば、残る問題は、能力を十分に発揮することができるようになった人類がいかにして共同労働をさらに発展させることができるかである。ここで重要なのは、資本主義社会において発達したテクノロジーは決して中立的なものではないということを思い返してみることだ。それらは人類を苦役から解放するためではなく、資本の支配を具現化するために設計されている。にもかかわらず、私たちは多くの仕事をいまよりも楽しいものに変えるための技術的手段をすでに持っているのである。このようなノウハウは、所有者階級のために使われるのではなく、むしろ、熟練労働と非熟練労働との区別を撤廃するために、あるいはいくつかの種類の労働を完全になくすために利用されるであろう。いずれにしても、この問題は自分たちが何をしたいのかについて人類が共同的に意志決定することによって解決されるのであり、私たちには止めることができないとされている技術的な力によって一方的に決定されはしないだろう。重要なのは、他者にたいする私たちの義務をなくすこと――オートメーション論者はこれが人類全体の尊厳が重視される世界の基盤となると考えているが——ではなく、これらの義務を認識し、変革することなのである。そのように言うことは、労働倫理を擁護することと同じではない。それが意味するのは、たとえ苦役がなくならず、また将来的にもなくならないとしても、自由な生き方がいますぐ実現可能であることを認識することなのである。疎外から脱却した共同体的生活——それは生活を民主的コントロールと集団的ケアのもとにおくことによって実現される——は、まさに個人的自由を万人に保証するための手段となるのだ。[20]

なお、ここで私が必要労働もしくは再生産労働と呼んでいるものは、必ずしも満足感の得られないものではない。とりわけ自分の人生のすべてをそれに捧げることのない形でそうした労働が配分される場合にはそうである。例えば、子供の世話をすることは子供にとってだけではなく、大人にとっても好ましいものであり、それをつうじて子供たちが経験するこの世界の素晴らしさに気づくことができるのだ。同様に、晩御飯をつくったり皿洗いをすることは、集団で行われることで新しい関係を作り出したり、既存の関係をより深いものにすることができる（また、一人でやるときでも、落ち着くための時間になるかもしれない）。諸個人の能力が十分に発揮される社会で生きる人間たちが、これらの作業が食料レプリケーターや清掃ドローンによって行われ、人間が科学研究に専念できるようにすることを望むかどうかはわからない。

ポスト希少性の伝統においては、必要労働の再編によって物を無償で提供する社会が可能になる。誰もが社会的倉庫やサービスセンターに立ち寄ってほしいものを持っていくことができるが、モアが言うように「その代わりになにかを提供することはまったくない[21]」。つまり、全ての人に、必要労働への貢献と関係なく、食料や飲み物、衣服、住居、医療、教育、交通と通信手段などを享受する権利があるのであり、それは「ちょうど全ての人に太陽の熱で自身の体を温める権利」があるのと同じことなのだ――エコロジカルな持続可能性によって制約が課せられることにはなるだろうが[22]。人々は、電車に乗ったり、地元の食堂に立ち寄ったり、歯医者に行ったり、保育園に子供を連れて行ったり、職業訓練コースに通ったり、あるいは、そこに泊まる権利があるということを証明することなく寝床を見つけることができるであろう。これらの社会的財へのアクセスから誰かを排除することはできなくなるだろう。

ポスト希少性社会を現実のものにするために、文字通りのコルヌコピアは必要ではない。必要なのは希少性とそれに伴う精神構造を乗り越えることだけであり、そうすれば、モアが言うように、「楽しく朗らかに、生活を心配することなく」生きていくことができる。[23]

この観点からすれば、潤沢さは達成されるべき技術的目標ではない。むしろ、潤沢さは社会関係であり、生存するための手段がどのような関係においても危険にさらされることはないという原則に基づいているのだ。この原則が意味する確固たるセキュリティこそが、すべての人々に「どうやったら生き続けられるか」ではなく「生きている間に何をするのか」を問うことを可能にする。[24] 一つの目標に向かって突き進む人もいるだろうし、あるいは、定期的に生き方を変える人もいるだろう。ここで人々が直面する最大の課題はいかに自分たちの生を改善し豊かにするという願いと人類を向上させるという欲望とのバランスをとるかということである（宇宙艦エンタープライズのピカード艦長が金融界の大物に――この人物は二一世紀に超低温で冷凍保存された後、彼にとっては実に恐ろしいことに、ポスト希少性社会に蘇生した――述べたように）[25]。

このような世界においても、依然として必要労働が確実に行われるようにするための制裁が残存しているかもしれない。しかし、人々を労働に駆り立てるのは飢餓への恐怖ではなく、協働することの魅力である。経済学者は長年、飢餓やホームレス状態は動機づけとして最良のものではないということを理解していた。クロポトキンの時代でさえ、経済学者は「最良の状況は、自由に生産を行い、自ら職業を選択し、邪魔をする監視人が存在せず、そして、仕事が自分だけでなく自分と同じような状況の人々のためになっている場合である」[26]ことを認めていた。モチベーションについての著作がベストセラーとなったある作家は、最近、同様のことを再発見している。自律性、熟練、そして目標といった感情こそが最高の仕事を生み出すのであり、高水準の金銭的報酬がそれを生み出すのではないのだ、と。[27]

ポスト希少性社会の構築に成功するためには、その住民が、二〇世紀の社会主義計算論争が提起した問題を、自分たちが満足するような仕方で解決することが必要である。彼らは二一世紀のツールを使ってそれを解決するだろう。すなわち、デジタルテクノロジーを使って、人々の必要と活動を計画アルゴリズム（データを処理し代替案を提示する）と計画プロトコル（代替案についての決定を構造化する）によって調整し、さらに経験によってそれらを次第に修正し、適応させうるであろう。諸個人はデジタルアプリケーションを用いて、自分たちのニーズを明確化し、その情報をアソシエーションに伝達することができなければならないし、他方でアソシエーションの側は、資源を人々に分配するとともに、入手可能な資源でやりくりする方法を見つけ出すということを公正かつ合理的な仕方でやらなければならない。効率性はもはや生産における最優先の目標ではないが、それぞれの物資のアクセスしやすさに基づいて、生産者は生産技術の選択に際して合理的な判断ができなければならない。また、生産者が民主的に決定された社会的基準を満たすことができなかった場合、生産者の責任を問うことも可能でなければならない。繰り返しになるが、これらの決定的な問題にたいするただ一つの最良の解決法などというものは存在しないであろう。[28]

万人に自由時間を

ポスト希少性論者にとって、必然性の領域の再建それ自体は目的ではない。それが生み出した連帯はまた、自由の領域を拡大するのであり、万人がこの自由の領域をも共有することを保障するのだ。[29] 必然性の領域が保障されれば、存在する共同体の枠にとらわれることなく、誰もが自由に自らの個性を発展させることができる。ここで重要なのは、オートメーション論者がテクノロジーによって達成しようとしたことを――たしかに自由の領域を拡大するために先進的なテクノロジーが一定の役割を果たすとはいえ――集団的な社会的プロジェクトという形で解決するということである。もちろん、自由の領域においては、他者と交流する時間も一人でいるための時間も、また、趣味にふける時間もなにもしない時間も確保される。「動物のように何もしないで、水の上に寝そべり、充ち足りて天を仰ぐ[30]」。フランクフルト学派の批判理論家、テオドール・アドルノによるこのフレーズは、物質的に剝奪された状態とそれによって引き起こされる実存的に不安定な状態が普遍的に乗り越えられた世界を示唆している。ここで、あらゆる利害の自生的な調和や慈悲深い人間本性を想定する必要はまったくない。むしろ、経済的強制の終焉が意味するのは、多くの人々が家庭や職場での抑圧的な人間関係から自由に離脱したり、そうした関係を変えるために交渉したりするようになるということなのだ[31]。

人々は拡大した自由時間で何をするのだろうか？　ポスト希少性は「ポスト労働」と呼ばれてきたが、そのような枠組みは適切ではない[32]。一定の休暇および回復期間を経ると、労働で疲れ切った人々ですらじっとしていられなくなり、なにか自分にできることはないかと探し始める。それゆえ、必要労働の役割を縮減するために社会生活を再編することは、労働それ自体を克服することではない。むしろそれは、労働なのか余暇なのか簡単に分類することができないような活動に、人々が自由に取り組むことができるようにすることなのだ。ここには、壁画を描いたり、外国語を勉強したり、ウォータースライダーを作ったりすることも含まれるかもしれない。あるいは、共同労働をより短時間で行うための新しい方法を考えるかもしれない。小説を書いたり、学習や探求を通じて自己変革することも含まれるだろう。オートメーション論者の左派と右派の双方が展望したように、希少性の終焉によって人々が世界中の他者とともに自発的なアソシエーションに参加することが可能になるだろう。例えば、数学者の連合体や新楽器を開発するクラブ、あるいは宇宙船建設のための連盟に参加することが可能になるだろう。これは、ほとんどの人にとっては、人生で初めて、物質的不安定性という銃を頭に突きつけられることなく、真に自主的な関係を取り結ぶ機会になるだろう。

このような状況においては、「創造性や科学的才能」が「生まれた場所や不運な条件、あるいは生きていくための必要性によって浪費」されることはないだろう。[33] 研究や芸術に充てられる財源は、もはや利潤動機によって決定されたり、富裕層の利害に影響を受けたりすることはないだろう。希少性社会において私たちが「資本」と呼ぶものは、ポスト希少性社会においては、あるがままに、すなわち**私たちが共有する社会的相続物**として認識されるだろう。[34] それは何世代にも渡って築き上げられた、誰のものでもない、万人のものであり、それなしには大きな目標を達成することができないどころか、それを想像することすらできないだろう。

人々は、自らの情熱を追求するために必要となる資源へのアクセスをいかにして確保するだろうか？　おそらく、それらの多くは自由の領域それ自身の内部で、自発的なアソシエーションやそれらの連合体をつうじて開発するのが最も望ましいであろう。人々ははじめ、必然性の領域を、その領域において存在する、生産性を向上させ、労働時間を短縮し、資源を再配置しなければいけないという圧力のために、資本主義経済のようなものだと考えるかもしれない。しかしながら、市場の強制力が存在しないのだから、必然性の領域は、自由の領域におけるイノベーションを導入しながら、ゆっくりと変化していく可能性が高い。このようなイノベーションを実際に導入するには時間がかかるかもしれないが、それはプロセスの変化がもはや市場における競争によって強制されるのではなく、様々な委員会の調整を踏まえて決定される必要があるであろうからである。そこでは、仕事の仕方を改善することよりも、単にそれを遂行することに重きが置かれることもあるかもしれない。ビルトインされた成長曲線は存在せず、成長のための成長も必要ない。とりわけ、必要労働のほとんどはサービスの提供であり、それが質の低下を伴わずに生産性を向上させることが困難な領域であることを考えれば、なおさらそうである。

その場合、自由の領域こそがあらゆる形態のダイナミズムを生み出すであろう。ここでは、人間たちは新しい道具や器具、会計の方法、さらには新たなゲームやガジェットを発明し、人間たちの嗜好の変化におうじて時間的、空間的に資源を迅速に再配分するであろう。自由の領域の内部では、どのアソシエーションに参加するかは自発性に任されているのだから、生存という目的のためだけに同じことを継続する必要は誰にもないであろう。人々はやりたいことだけやればいいのだ。

そのとき、世界は、必要な活動と自由な活動を相互に関係付けるような、重なり合う部分的なプランの複合体となるのであり、単一の中心的プランによって構成されはしないだろう。だが、これらは、何が必然性であり何が自由であるのかといった関連する問題とともに、解放された人々が自分自身で政治的に解決すべき事柄となるであろう。この枠組みの中では、人々はそれぞれの能力を十分に発揮し、さまざまな仕方で自らの生き方を決めることができるであろう。大きなコミュニティで暮らす人もいれば、小規模のコミュニティを希望する人もいる。仕事に没頭する人もいれば、仕事はほどほどにして自然や社会、自らの心や海や星を探求する人もいる。温暖な惑星を好む人もいれば、寒冷な惑星を好む人もいる。持続可能な物質的保障という基本的な条件が満たされるかぎりで、相対的に資源が希少な世界を望むかもしれないし、あるいは豊富な世界を望むかもしれない。ポスト希少性社会で人々が実際に真っ先に行うことは――万人の基本的なニーズを満たすことを保障することに加えて――人類の持つ集団的な資源と知の大部分を動員して、気候変動を緩和し、反転させることであり、また植民地支配によって生じた数世紀に渡る不平等を解決することになるだろう。[35]

以上の議論の目的は、技術革新ではなく、人間を中心に据え、優先するユートピア的思考実験が可能であることを示すことだった。人類を構成する七〇億以上の人間の基本的尊厳を尊重するには、誰かが自由になるために他者に苦役を押し付けるという行為に私たちが同意しないことが必要となる。つまり、私たちは技術的に発展した社会であっても行わなければならない仕事を分担し、万人が自身の時間をどう使うかを決定することのできる権利と力を持つようにしなければならないのだ。

以上のようなポスト希少性社会についての大まかな素描は、そのような社会に到達することを目指す様々な道筋を評価する際のベンチマークとして役立つだろう。この視点からすれば、現在の社会組織が私たちを自動的にポスト希少性社会に導くという考えが誤りであることは明白である。経済成長はさらなる成長の必要性から私たちを解放することはない。平均寿命や教育水準、都市化の程度は劇的に増大してきたが、依然としてそれぞれの配分は極めて不平等に行われている。同時に、最も豊かな国々においてさえ、多くの人々はアトム化され、物質的に不安定で、集合的能力から疎外されており、そのために視野が狭くなってしまっている。完全なオートメーションが夢であると同時に悪夢のようにみえるのは、そこに人間の尊厳との内的関連性がまったく存在しないからであり、また、それ自体ではポスト希少性社会を生み出すことができないからである。ユニヴァーサル・ベーシックインカムについても同じことが言えるだろう。もし、教育や医療へのアクセスが劇的に拡大し、労働の協働的な分担をつうじてコミュニティが再生され、産業が部分的に社会化され、化石燃料から再生可能エネルギーへの移行に大規模投資が行われるならば、そのとき、ベーシックインカムは人間の自由を目指すより大きなプロジェクトの一部を構成することができるだろう。[36] しかし、ポスト希少性社会に向けた道のりは、全く別の形態をとることもできる。この来るべき世界についての明確なビジョンがなければ、簡単に迷子になってしまうのである。

あとがき　変革の担い手

テクノロジーの進歩もテクノクラート的な改良も必然的にポスト希少性世界をもたらすものでないとすれば、それを実現できるのは、社会生活を根本的に変革することを目指す社会運動の圧力だけである。オートメーション論の最も残念な点の一つは、現存する社会的闘争を過小評価する傾向である。ロバート・ヴァン・デル・ヴィーンとフィリップ・ヴァン・パリースは「共産主義への資本主義的な道?」という一九八五年の論文で、「急速な省力化技術の発展」と「経済成長にたいする制約」が結びつけば、人間の合理的行動にもとづいて社会変化を要求し実行する力を「遅かれ早かれ生み出すこと」ができるであろうと述べている。それから三〇年後に、ニック・スルニチェクとアレックス・ウィリアムズはそれまでに生み出されてきた力に絶望し、それは「素朴政治」にすぎないと述べた。すなわち、彼らによれば、人々はますます複雑になっていく現代世界にたいして地域コミュニティの単純さや直接的な関わり合いに回帰することを求めているにすぎないのである。[1]

今日の社会的闘争の解放的な潜在力にたいして絶望するのは、理解できないことではない。残忍な新自由主義の流れを変えるには大規模で粘り強い組織化が求められるが、歴史上、このような課題を引き受けることができるような規模と強さを備えた唯一の運動であった労働運動は徹底的に打ち負かされてしまった。今日、ストライキや労働者のデモの大部分は防衛的なものであり、労働者は資本のジャガノートを減速させるために、そしてさらなる緊縮財政、労働のフレキシブル化、そして民営化を——終わりが見えないどころか、ますます悪化していく経済の低迷に対応するために——推し進めようとする資本の衝動を弱めるために闘っている。これまで労働運動は、経済成長の停滞のもとでの技術的失業にたいしてどのように対処すればよいかを見出すことができていない。経済社会学者のヴォルフガング・シュトレークが言うように、「資本主義の解体はその対抗勢力をも解体する」のである。[2]だからこそ、経済が長期停滞に陥っても、大規模な労働者階級の組織が再生することはなかったのだ。

ところが、二〇〇八年の危機以降、このような政治的停滞にも亀裂が入りつつある。社会的闘争がここ数十年で見られなかった規模で広がっているのだ。ストライキや社会運動の波が六大陸をまたいで押し寄せ、中国や香港からアルジェリア、イラク、そしてレバノンへ、アルゼンチンやチリからフランスやギリシャへ、さらにオーストラリアやインドネシアからアメリカ合衆国へと広がっていき、二〇一九年にも世界中で大衆的抗議運動が再度噴出した。[3]大多数の人々がふたたびストライキや占拠運動、道路封鎖、暴動、デモに参加し、格差の拡大や雇用不安、政府の腐敗や緊縮政策、食糧、エネルギー、交通手段の価格高騰などの、長期にわたる労働需要の低下が引き起こした問題に抗議した。抗議者たちは警察による虐殺事件にたいして一斉に立ち上がり、レイシズムによって差別されたコミュニティは社会的承認の欠如にもう泣き寝入りしないと怒りを露わにした。

　確かに、これらの運動の爆発はこれまでのところ非妥協的な政府に退却を余儀なくさせるほどの力を維持することはできず、形勢をひっくり返され、敗北してきた。だが、それは政治の地平を拡大し、新たな世代の活動家をラディカル化させてきたのだ。おそらく、現代が一九世紀半ばに似ているのは、ユートピア的空想家を生み出してきたからだけではなく、解放的な社会変革への新たな参加者を生み出してきたからでもある。過去数十年間の客観的な特徴がこの仮説を裏付けている。現代の人類は歴史上、最も広範に教育がなされ、最も都会的で、かつ相互の結びつきが最も強いのである。ジャーナリストのポール・メイソンが指摘したように、教養を備え、携帯でつながっている人々は、海面上昇を続ける惑星において「格差が極端に拡大し、成長が停滞するという未来を受け入れはしないだろう」[4]。このことが私たちをより自由な未来に近づけるかは未知数である。

二〇二〇年初頭、新型コロナウイルスの感染爆発によって社会的闘争のグローバル化は一時的に停止したが、同時に発生した深刻な世界的な不況によって、いまふたたび復活し始めている。確かなことは、これらの社会運動が持続的なものとなり、根を下ろすことができるならば、それらはかつての労働運動のようにはならないだろうということである。私たちの時代と彼らの時代には、大きな不連続性があるのだ。かつての労働運動は長期にわたる工業化の時代に台頭したが、私たちは脱工業化の憂鬱を生きている。それゆえ、現代の闘争は工業化の終焉がもたらした諸結果をめぐるものとなるだろう。これは世界経済が工業生産に依拠し続けることを否定するものでも、工場労働者が存在し続けることを否定するものでもない。しかし、雇用全体に占める製造業のシェアの縮小は、工場労働者がもはや、より公正で合理的な未来社会を代表する能力を持っていないことを意味している。つい最近に工業化を経験し、製造業労働者が一九七〇年代と八〇年代の民主化闘争で重要な位置を占めた南アフリカや韓国、ブラジルのような国でさえ、その大部分はサービス経済化したのである。[5]

このような労働力構成の変化は、現代の社会運動の形態を本質的な点で変化させることになる。オートメーション論はこの傾向を強調しすぎるが、直接的な人間労働が中核的工業において以前よりも小さな役割しか果たさなくなるということは事実なのだ。マルクスが予見したように、それは、広大なインフラに具現化され自然諸力と機械の双方を動員する科学技術によって、主要生産力としての地位を追われるのである。多くの労働者は見捨てられ、人生のほとんどを生産性の伸びの低い、低賃金のサービス労働に費やすことになった。それゆえ、かつての労働者は生産性の継続的な上昇から誰が恩恵を得るべきかという問題をめぐって争っていたが、そうした、彼らを活気づけていたダイナミックな闘争は起こらない。今日のほとんどの労働者にとって、生産コストの削減を追求する資本の衝動は、賃上げなき労働強化を意味するだけである。これは、職場闘争が起こらないということではない。それらを規定する論理が明らかに変化したのだ。

一部の左派の評論家は、不安定な立場の労働者がどれほど不満を抱えていようとも、その要求を押し通すために必要な、生産場面における力が欠けていると主張する。[6] しかし、実際には、リーン方式のジャスト・イン・タイム生産の世界では、主要都市の内部や周囲で流通経路の封鎖を組織することが有効な戦術になりうるのである。その初期の例はアルゼンチンの「ピケテーロ」運動である。一九九〇年代半ばから、失業者たちがブエノスアイレス周辺の高速道路を封鎖して待遇改善を求めたのだ。[7] 二〇一一年以降、この戦術はアメリカ合衆国やフランス、エジプトなどの労働者によって散発的に採用されている。

大きな闘争の過程において開かれる自律的空間では、運動の参加者たちが社会の性格と将来についての疑問をぶつけ合う。アセンブリは基本的に誰にでも開かれている。非公式のヒエラルキーがまったく存在しないわけではないが、にもかかわらず、誰もが社会について発言するに値するという感覚が共有されている。占拠の内部や道路封鎖の拠点では実際に人々がお互いをケアし合う。彼らは何の見返りも期待せずに料理をつくり、掃除をし、子供の世話をする。もちろん、これらの仕事をおこなうために必要な資材は、それらの運動によって攪乱しようと試みている日常の生活をつうじて購入したものであるが。こうした活動は、たんによりシンプルな生活への嗜好を――それが素朴な形態であれ、民族主義的な形態であれ――示しているのではない。むしろ、それらは、どれほど途切れがちであろうとも、人間の尊厳が普遍的に尊重され、お互いを隔てる分断や境界がない世界を展望するものなのだ。

　これらの抗議運動は、それらがどれほど大きくなろうと、これまでのところ、労働者階級の集団的再生産をめぐるあらゆる闘争が直面してきた限界を回避することはできておらず、労働者階級の弱体化は、賃金水準の停滞や雇用不安、そして福祉国家の縮小の圧力のもとで、著しいものになっている。これらの運動は、工業の中核として残っている部門でストライキを呼びかけたり、それと連帯したりするような場合でさえ、**再生産**の水準から**生産**の水準へと上昇することができていないのだ。現代の攪乱的な抗議運動は、それが二〇二〇年のコロナパンデミックの最中にあってどれほど大きな希望を喚起しているとしても、全く異なった世界についてのビジョンを欠いてきた。すなわち、資本主義社会のインフラが民主的なコントロールのもとにおかれ、労働が再編成され再配分され、希少性が財とサービスの無償提供によって克服され、それらをつうじて生存の保障と自由の新たな見通しが開かれ、人間の能力が拡張されていくというビジョンを欠いてきたのである。

　社会的闘争が生産の掌握という、この歴史的課題にむけて自らを組織しないかぎり、人間とは何であるかについての新たなジンテーゼに到達することはできないであろう。それはすなわち貧困も大富豪も、難民も仮収容所も、ほとんど休憩できず夢を見る時間さえ得られない重労働も存在しない世界に生きるということである。ビジョンなき運動は盲目である。しかし、運動なき空想家は遥かに無能である。ポスト希少性世界を建設するための強固な社会的闘争がなければ、後期資本主義の空想家はたんなる技術ユートピアの神秘主義者にとどまるであろう。

補論

鉛筆の作り方

望めば資本主義は終わる

社会主義経済はどのようなものになるだろうか？　この問いにたいしては様々な答えが存在するが、その大部分は計画に関わるものである。資本主義経済は価格と市場の相互作用をつうじて組織されている。それとは対照的に、社会主義経済は、マルクスの言葉を借りれば、「決められた計画に基づき……意識的に規制される」。だが、そのような計画はどのようにして作られ、実行されるのだろうか？　これは、社会主義者が一世紀以上も激しい論争を行っているテーマである。

ひとつには、コンピュータをとりわけて重視する立場がある。こうした「デジタル社会主義者」は、コンピュータが計画経済を運営するための鍵になると考えている。彼らが注目するのはアルゴリズムだ。つまり、彼らは、消費性向や産業の生産能力についての情報を——あたかもデータ研磨機に流し込むための巨大なふるいのように——取り込み、資源の最適な配分を出力してくれるようなソフトウェアを作ろうとするのである。

これまで、このような考えに基づいて数多くの実験が行われてきた。一九六〇年代には、ソ連の数学者ヴィクトル・グルシュコフが資源配分を補助するための全国的なコンピューータネットワークについて提案した。チリのサルバドール・アジェンデ政権は、イギリスのサイバネティックス研究者であるスタッフォード・ビーアの助けを借りて、サイバーシンと呼ばれた類似のシステムの開発に取り組んだ。どちらのプロジェクトもうまくいかなかった。グルシュコフのアイデアはソ連指導者からの反発に遭い、サイバーシンはそれが実現される前にピノチェトのクーデターによって中止された。だが、その夢は生き続けている。

今日、デジタル社会主義は明らかにこれまでよりずっと多くのことを行うことができる。インターネットは、世界中の膨大な情報をほとんど瞬時に計画システムに流し込むことを可能にするだろう。コンピュータの性能の飛躍的向上は、これらのデータすべてを迅速に処理することを可能にするだろう。同時に、機械学習などの人工知能は、データをふるいにかけ、出現するパターンを発見し、資源配分を適切に調整することができるであろう。リー・フィリップスとマイケル・ロズウォースキーは、『ウォルマート人民共和国』において、ウォルマートやアマゾンといった大企業はすでにこのようなデジタル技術を社内の計画立案に用いており、いまや必要なのはこれらを社会主義に適合させるだけだと主張している。

確かに、ここには解放的な潜勢力が存在するが、ポスト資本主義社会における計画的な生産を実現するにはまったく不十分である。アルゴリズムを重視するデジタル社会主義には重大な問題が存在する。それは、将来の社会主義社会における意思決定プロセスを**最適化**——最小限の資源を用いて生産量を最大化する——という狭い観点に限定させてしまうというリスクをはらんでいるのである。この道を進むのなら、社会主義社会の目的や目標の達成にとって不可欠である、質的な情報の多くを無視し排除することになってしまう。

結局のところ、未来社会において私たちが望むのは、最小限の資源を用いて生産を最大化することだけではないであろう。それ以外にも、量的には表現しづらい様々な目標、たとえば正義や公正、労働の質、持続可能性といった問題を解決することを望むであろう。そして、これらはたんなる最適化の問題ではない。つまり、計画アルゴリズムがどれほど強力であろうと、計画の決定に還元できない政治的次元が残り続けるのである。ここでは、アルゴリズムの計算がいかに優れたものであったとしても、出来の悪い代替物としての役割しか果たすことができない。いかなる社会主義の計画プロジェクトにおいても、私たちが採りうる選択肢をはっきりさせてくれるという意味で、アルゴリズムは必要不可欠である。しかし、最終的な決定を下すのは、コンピュータではなく、人間でなければならない。しかも、人間たちは事前に合意された手続きに基づいて、共同で決定を下さなければならないのである。

ここで、計画プロトコルが登場する。計画プロトコルは、意志決定のルールを明確化し、意志決定を合理化するのである。プロトコルは、アルゴリズムとともに使用されることで、最適化プログラムが考慮しない要素をも計画プロセスに取り入れることを可能にする。ここには、アルゴリズムとプロトコルの分業が存在するとも言えよう。アルゴリズムは無関係な選択肢や重複する選択肢を排除し、プロトコルをつうじて行われるべき決定を明確化するのだ。

アルゴリズムとプロトコルの双方が機能することで、人々は、コンピュータを用いた生産の計画化を、実践的知識にとどまらず、価値観、目的、目標が生産の決定にとって不可欠の要素となるような仕方で行うことができる。それによって、資本主義もソ連型社会主義も達成できなかった、真に人間的な生産様式が生み出されるのである。

社会主義的な計画化を本気で実現しようとするなら、「社会主義計算論争」によって提起された諸問題について考えなければならない。この数十年の長きにわたる論争は、数世代におよぶ社会主義者のポスト資本主義的未来の構想に影響を及ぼしてきた。オーストリアの右派経済学者ルートヴィヒ・フォン・ミーゼスは、一九二〇年の論文「社会主義共同体における経済計算」で社会主義的な計画化の実現可能性を真っ向から否定し、この論争を引き起こした。

当時、これはたんなる純理論的な問題ではなかった。革命はロシアに限らずドイツでも進行中であり、イタリアなどの国でも目の前に迫っていた。社会主義者は、資本家を排除したうえで近代的な機械を利用すれば、利潤ではなく人々のニーズを中心に置いた新しいタイプの社会を構築することができると主張した。誰もが必要な財やサービスにアクセスすることができ、しかも労働時間は減少するのである。

ミーゼスは社会主義者はどちらの点についても誤っていると主張した。むしろ、社会主義社会では人々の労働時間は今よりも長くなり、得られる対価は少なくなる。というのも、ミーゼスによれば、近代経済の効率性は、それが市場をつうじて、市場と結びついた貨幣と私的所有という制度によって組織されていることと密接不可分であるからだ。これらの制度を取り除いてしまえば、資本主義時代に発展したテクノロジーは本質的に無価値となり、社会はこれまでよりも技術的に後退した状態になってしまうというのである。

このミーゼスの主張について考えるために、鉛筆の製造という簡単な例を用いてみよう。鉛筆をその原材料から作る方法はいくつもあるため、鉛筆製造工場の経営者は生産に関する多くの決定を下さなければいけない。鉛筆製造者はその「最終財」である鉛筆を、さまざまな「中間財」についてのあらゆる選択肢のうちからどれを選んで、すなわち様々な種類があるグラファイト、木材、塗料等のうちからそれぞれどれを選んで製造するのかをいかにして決定するのだろうか？

資本主義社会においては、経営者はまず商品カタログを確認する。そこで彼はグラファイトAは一ポンドあたり三五セント、グラファイトBは三七セントであることを発見する。もしどちらでも鉛筆製造が可能なのであれば、どちらを選ぶかは明白だ。この経営者は同じような価格比較を他のすべての投入財にたいして行うことで、鉛筆を作るための最も合理的な判断を瞬時にそして正確に行うことができる。社会のあらゆる活動がいかにして経済全体を構成しているかについて彼が理解している必要はない。

価格のおかげで、鉛筆製造者は、まともな鉛筆を製造することはできるが、他の生産に充てられた方が有益な天然資源や労働を浪費してしまうような膨大な数の選択肢を直ちに排除することができる。もし最高品質のココボロやオサジオレンジといった木材が何トンもあれば、鉛筆製造者は間違いなく高品質の鉛筆を作ることができるだろう。しかし、ごく普通の杉のような他の木材によって同じように良質な鉛筆を製造することができるなら、これは浪費であろう。

もちろん、価格という鉛筆製造者が生産について判断する際にもちいる指標はたんなる偶然的な数字ではない。価格は、脱中心的な意思決定によって特徴づけられ、多くの生産者と消費者が関わる、生きた市場社会の表現である。市場はあらゆる生産者にたいして適正な価格をつけるよう圧力をかける。例えば、新しい技術によって鉛筆の質を犠牲にせずに鉛筆を今よりも低価格で製造することができるのなら、そのように行動した企業は大きな利潤をあげることができるだろう。鉛筆製造の可能性についての新しい情報は、このシステムの中では、より低い価格として現れるのである。

各生産者が何をどのように生産するかについての合理的な判断を下すことができるのは、

市場での優位を確保するための闘争が収益の最大化と費用の最小化を生産者に強制するからにほかならない。市場に依存するこれらすべての生産者は、新たな生産の可能性とそれに伴う金銭的報酬をもとめて、可能なかぎり情報を収集し、決定を下し、リスクを引き受ける。社会主義の計画立案者たちがこのような複雑なシステムを再生産することは絶対にできないとミーゼスは考えた。なぜなら、彼らは市場参加者が価格メカニズムを通じて得た情報よりも多くの情報を得ることはできないであろうからである。

究極的には、価格はどのような生産に利潤をあげるチャンスがあるのかを生産者に示すものである。ミーゼスによれば、価格なしには、資産の合理的な配分は不可能なのである。

致命的な誤り

資本主義についてのミーゼスの議論において印象的なのは、それがすでに優れてアルゴリズム的なものであることだ。ミーゼスの説明においては、鉛筆工場の経営者はコンピュータのプログラムのように行動する。経営者は中間投入財の価格についての情報を収集し、それから一つの単純な規則にしたがって行動する。すなわち、生産時間を長くしたり、需要が受け入れがたい水準まで低下することがないように、それぞれの投入財についての最も安価な選択肢を選ぶのである。

社会主義者の多くはミーゼスのこのような議論にたいして、ミーゼスの基本的な前提を受け入れた上で、自分自身のアルゴリズムを書くことによって反論した。つまり、彼らは、社会主義社会のための正しい生産決定を可能にするための十分な情報を提供することのできるような、価格システムの代替物を計画立案者が創造することができるということを示そうとしたのである。

この考えを最初に展開したのは、ポーランドの経済学者のオスカル・ランゲとロシア系の英国の経済学者アバ・ラーナーであった。一九三〇年代から四〇年代にかけて示された彼らの提案は、社会主義の計画立案者が試行錯誤をつうじて適正な価格への道を「感じる」というものであった。例えば、計画立案者は鉛筆を作るのに必要な中間財の価格を設定したうえで、最終財の供給が消費者の需要を満たすまで必要に応じて価格を調整する。近似値を何度もとることで、真の結果に徐々に近づいていくであろう。あたかも、コンピュータがわずかな加算や減算を繰り返すことによって円周率の計算をするように。

ランゲとラーナーがこれらを書いていたときには、近代的なデジタルコンピュータは存在していなかった。しかしランゲの晩年にはコンピュータが出現しており、ランゲはコンピュータが人間よりも遙かに上手くこの価格予想の作業を実行することができるかもしれないと述べていた。このような考えは現代のデジタル社会主義者に引き継がれており、彼らは、応用数学の発展を根拠にして、価格システムを廃止し、その代わりに高度なプログラミングをもちいて、資源の最適な配分の計算を行うことができると主張している。

結局のところ、私たちは未曽有の量のデータを持っており、しかもそのデータの計算を実行するための処理能力もかつてないほど強力である。すでにウォルマートやアマゾンといった巨大企業は高度なアルゴリズムを用いて、これらすべてのデータを社内の業務計画の策定に活用している。だとすれば、アルゴリズム社会主義の約束はついに果たされるのだろうか？

まだそうとは言えない。アルゴリズム社会主義の提唱者は社会主義計算論争におけるミーゼスの立場を誤解しており、そのため、ミーゼスの批判に対して十分な反論を行うことができていない。ミーゼスにとっての課題は、最終財の生産者にたいして中間財をいかに配分するかであった。これはウォルマートやアマゾンがしていることではない。単純に、これらの企業は財の分配を行っているのであって、それらの生産を行っているのではないからだ。アマゾンやウォルマートに鉛筆を供給している企業は依然として自社製品の生産の最適化を考えるにあたって市場のシグナルに依拠している。

ミーゼスに師事したフリードリヒ・ハイエクが後に強調したように、経済とは資本主義の価格システムや社会主義のコンピュータによって解かれるのを待っている一連の方程式などではない。むしろそれは意思決定を行う者たちのネットワークとして理解されるべきである。そこでは、それぞれの意志決定者が独自の動機にもとづいて、情報をもちいて決定を下し、それが今度は新たな情報を生み出すのである。高度にデジタル化された資本主義経済においても、やはり、そのような決定は市場の競争をつうじて調整される。資本主義以外のシステムであっても、それが実現可能であるためには、依然として人間たちが生産決定に直接的に関わる必要があるが、ただしそれは別の方法で調整されなければならない。

ハイエクが述べたように、企業経営には長年の経験を通じて培われた実践的推論が必要である。鉛筆工場の経営者の仕事を再現するには、計画アルゴリズムはたんに鉛筆製造において使用される各種グラファイトの需要と供給について知っているだけでなく、特定の生産地において、特定の機械と労働力によって、ある特定の種類のグラファイトを使用することを選択することの含意についても詳細に把握していなければならない。確かに、これらの知識のすべてをコンピュータが実行できる明示的な規則という形にすることも可能であろう。しかしながら、そのような規則をすべての産業のすべての職場で設定することの困難は想像を絶するものである。

いかなる形の経済においても、それが機能するには、人々が意思決定に参加することが不可欠であると主張したミーゼスとハイエクは正しかった。しかし、彼らのビジョンにおいては、そのような主体性を発揮する機会が誰にあるのかという点について厳しい制限が課せられている。資本主義では、生産に関する決定を下すのは経営者である。経営者は生産に関与している人々のほんの一部に過ぎないし、また、彼らは意思決定にあたって――法律や契約によって強制されない限り――他のすべての人と話し合いを行う必要もない。

それゆえ、経営者はゆるやかな制限のもとで、自由に経済的効率の最大化を追求することができる。経営者の決定によって、ある町で大量の労働者が失業することになったとしても――例えば鉛筆工場がより労働コストの低い地域へと移転したために――経営者は町の住民の意見を考慮に入れることなくその決定を下すことができる。つまり、市場が機能するには、意思決定の権限は比較的少数の人間に集中していなければならないのだ。

だが、社会主義社会においてはすべての人々が生産を管理する。意思決定の権限は民主化されており、それゆえ、当然ではあるが、違った決定がなされることになるだろう。人々が自分たちの職場を自ら経営することになれば、例えば、労働条件に関することや、どのように仕事を組織し割り振るかなど、ありとあらゆる点でこれまでのやり方を変えようとするだろう。効率性は、エネルギー消費であろうと、資源消費であろうと、あるいは労働時間であろうと、引き続き考慮されるが、ただしそれは唯一の判断材料とはならないであろう。それは、たんに考慮されるべき多くの項目の一つとなるであろう。それ以外の、尊厳、正義、コミュニティ、持続可能性といった点も判断材料に加えられるであろう。

しかしながら、このような効率性以外の要素にたいする考慮を、一面的な最適化をおこなうアルゴリズムに取り入れることは容易ではないだろう。単純に、それらの要素のすべてを単一の量的な計算単位に還元するための信頼できる方法が存在しないからである。

鉄を測るトンやペニシリンを測るグラムのような自然単位でさえも無力であることがわかるであろう。正義の自然単位は何だろうか？　このような制約があるために、地球上で最も高度に発達したコンピュータであっても正しい生産計画を決定することはできない。なぜなら、そこでの選択肢の違いは対立する価値観や善のビジョンに根ざしているからである。言い換えれば、それらは政治的選択なのだ。

社会主義的な計画化が純粋にアルゴリズム的なものであるならば、そこでの決定の執行の仕方は資本主義的企業と似たものになる。それは資本主義の論理を別の形で反復するのである。つまり、重要なのは混沌とした質的生活の中から重要な量的情報を抽出することだとされるのだ。しかし、まさにこの混沌のなかにしか、社会主義の内容を見つけることはできないのである。

プロトコルを作る

どのようにすれば、非常に多様な質的目標を、それ自体として追求されるべきものとして、計画化のプロセスに取り入れることができるだろうか？　この問いに答えるためには、ウィーンの哲学者オットー・ノイラートの研究について考えてみる必要がある。

ノイラートは、一九二〇年にミーゼスによってなされた計画化にたいする猛攻撃の最初のターゲットの一人であった。今日、彼は全体計画化の理論家として記憶されているが、この全体計画化という表現は管理室から経済を運営する社会工学者という誤ったイメージを与えてしまっている。だが、このイメージほどノイラートのビジョンからかけ離れたものはない。むしろ、ノイラートは、社会主義経済はまさにそれが純粋にアルゴリズム的なものにはなり得ないがゆえに、高度に民主的でなければならないと主張したのである。

ノイラートにとって、価格システムのアルゴリズム的性格は克服すべき課題であり、社会主義者が再現すべきものではなかった。資本主義経済において経営者は費用対効果について明確な決定を下すことができる。それが可能なのは、コミュニティを破壊したり、労働者を悲惨な状況に追い込んだり、再生可能ではない資源を枯渇させたり、世界をゴミで埋め尽くしたり、というような、彼らの決定がもたらす非経済的コストを無視できるからにほかならない。企業レベルでの経済合理的な判断が合成することによって、ますます非合理的な社会になっていくのである。

それゆえ、社会主義者は、たんに効率を最適化するのではなく、計画化メカニズムに様々な質的要素を直接的に導入する方法を見つけ出さなければならない。社会主義者が直面している課題は、量化そのものではない。生産過程に関する基準の多くを量的に表現することはおそらく可能であろう。例えば、持続可能性と安全性についての指標を確立することは可能であろう。だが、このような関連する指標の**すべて**を一つの尺度に還元すれば、それぞれの目標のあいだに一定の通約可能性が生まれるが、まさにこのような通約可能性こそは社会主義者が克服しようとするものなのである。

資本主義社会で汚染を減らそうとすれば、各工場に汚染量の法的な制限を設けることが必要となる。各企業は生産戦略の最適化を継続することができるが、ただし新たな規制のもとでそれを行わなければならない。このことは、鉛筆工場に規制を回避しようとするインセンティブを与えることになる。捕捉されることなく汚染する方法を見つけ出すことができれば、それらの企業は莫大な利潤をあげることができるのだ。それにたいして、社会主義社会では、汚染の削減はそれ自体として追求されるべき目標となるだろう。そこでは、たんに鉛筆工場での汚染を制限するだけでなく、大気の質を改善したり、植林をしたりするなど、積極的に環境を改善する方法が――他の目標の達成を妨げるものでないかぎりで――探求されるであろう。

このようなアプローチにおいては、たんなる最適化よりも遥かに多くのことが必要となる。生活のすべての質的および量的要素をアルゴリズムで最適化可能な統一的な尺度に変換しようとするのではなく、それらの質的および量的な要素をそれじたいの観点から扱う方法を発見しなければならない。通約不可能な多様な基準にもとづいて計画の決定をおこない、これらの決定を社会全体で調整することができなければならない。そして、そのためには、このような決定を集団的におこなうための事前に合意された手続きが必要となる。それこそがプロトコルなのである。

計画プロトコルを設計するための方法は様々だ。人口全体で投票を行い、多数決で決めるという単純なやり方も可能であろう。あるいは、オークションのような入札を用いた複雑な方法も可能であろう。プロトコルは、誰がプレイヤーなのか、それぞれのプレイヤーが採りうる行動は何か、また異なる結果からどのような現実生活の配分が生じるかについて定めた一連の規則をもつ、一つのゲームにすらなりうる。さまざまな可能性があるが、どの場合にも言えるのは、現実の人間たちが多様な基準を考慮に入れて包括的な決定をおこなうことを可能にするようなプロトコルの設計が必要だということである。

ノイラートは計画プロトコルについての彼の考えを――その言葉は使ってはいないが――一九二五年に書かれた論文「経済計画と現物計算」において提示している。計画化は、専門の計画立案者が「可能」な「無数の経済計画」を、少数の「特徴的事例」に絞り込むことから始まる。これらの計画立案者がアルゴリズム的計算を行うことで、人々が決定を下さなければならない選択肢が明確化される。そして、直接に比較検討できるように、これらの選択肢が人々に提示される。彼らは、少数の計画を多様な基準にもとづいて評価し、他の人の意見を聞いたり、懸念を表明したり、投票することによって、どれがよいかを決めるのである。

ノイラートはこのような過程を通じて特有の合理性が生まれると考えた。明確で正確な計算を行うことが不可能だとされた場合でも、私たちは合理的な決定をおこなうことができるとノイラートは主張した。しかしながら、ここでの合理性は実践的かつ政治的であり、純粋にアルゴリズム的なものではないだろう。人々には自身の懸念や願望を表現する機会が与えられたうえで、生産過程をどのように形成し、規制し、指揮するかを集団的に決定することになるであろう。彼らは自分たちの望む消費量と労働量のバランスをとるであろう。家庭用の暖房や職場への電力供給に必要なエネルギーと、環境の持続可能性および世代間の公正とのバランスを検討するだろう。自分たちの時間や資源を、生産を拡大したり変容したりすることにどのくらい充てるのか、また、文化活動、スポーツ、知的活動にどのくらい充てるのかを決めるであろう。

ノイラートのモデルでは、最高レベルでなされた集団的な決定が経済の他の部分に徐々に広がっていき、さまざまな産業や職場で実行されることになる。しかし、これは具体的にはどのように機能するのだろうか？　地域における生産の決定はどのようになされるのだろうか？　対立や衝突が生じた場合——例えば社会全体での決定と、社会のニーズを満たすために財を生産している鉛筆工場の労働者との要求とが対立する場合——には、どうなるのだろうか？

このような複雑さが浮き彫りにするのは、私たちが必要とするのは社会全体を包括する単一のプロトコルではなく、多様なプロトコル、すなわち人々が共同で決定をおこなうことを可能にする構造化された多様なコミュニケーションの形態である、ということだ。アルゴリズムも重要な役割を果たすであろう。アルゴリズムは、哲学者のジョン・オニールが「ただちに従うことができ、また、明示的な判断を下さなければならない範囲を削減することのできる、大まかな方法や標準的な手続き、デフォルトの手続き、そして制度的配置」と呼ぶものをコード化し、計画化のプロセスを合理化することで会議が延々と続くような事態をなくすだろう。同時に、私たちは、すべてのプロトコルをいかに結びつけるか、さらにはそれらをいかにアルゴリズムと統合するかということについての一連のルールを必要とし、それによって、簡単に使用でき、結果の透明性があり、常に修正可能なソフトウェアに依拠した統一的な計画化の機構を作り出すことができるであろう。

結局のところ、たとえ質的目標を計画に組み入れたとしても、私たちはやはり社会主義計算問題を解決しなければならない。その場合でも、生産者は首尾一貫した生産計画になるように決定を行わなければならないのである。

自由にアソーシエイトした生産者

ノイラートが民主的な意思決定を重視したことは決定的に重要であった。しかし、彼はプロトコルというアイデアを提示することによって、とりわけ当時使用可能であったテクノロジーが限られていたこともあり、提示した答えよりも多くの疑問を投げかけることになった。晩期のノイラートは、彼がアイソタイプと呼んだ単純な図式化された表現を普及させることを通じて、十分に読み書きができない農民や都市労働者をどのようにして計画プロトコルに組み入れることができるかを何年もかけて考えた。

今日では、世界中の人々が読み書きの能力を獲得しており、携帯電話は僻地でさえも普及している。それにおうじて、プロトコル社会主義の可能性も拡大している。しかしながら、生産についての真に民主的な意思決定は、携帯電話の画面をスクロールし、ソーシャルメディア上で絶え間のない住民投票をおこなう、などといったものには絶対になりえない。というのも、単純に、多くの人々は生産についての決定を行うために必要な実践的な知識をほとんど持っていないからである。

それゆえ、それぞれの決定への参加は、一般的には、関係者やその決定によって影響を被る人々に限定される必要がある。そして、誰もが関係するような決定に関してのみ社会全体で決めることになる。つまり、調整は多くの場合、アソシエーションの内部やアソシエーションの間で行われるべきなのである。これらのアソシエーションは生産者、消費者、あるいは共通のアイデンティティや利害をもつ人々のグループによって構成されるかもしれない。

ノイラートは、おぼろげながらではあるが、当時の社会的動員というレンズをつうじて、このような未来を見据えていた。第一次世界大戦時には、多くの労働者たちが職場の民主化を求める戦闘的なランク・アンド・ファイルの運動に参加しており、例えば、米国の世界産業労働組合やイギリスのショップ・スチュワード運動、ドイツの評議会主義者、スペイン、フランスそしてイタリアのアナルコ・サンジカリストなどに加わっていた。これらの組織で生じた問題は、労働者が運営する職場のあいだでいかにして生産を調整するかというものであった。理論家たちは、ほとんどの場合、その答えを市場価格や価格に類似した労働時間の計算に求めたのであり、これは後のアルゴリズム社会主義のランゲ・ラーナーモデルを先取りするものであった。

ノイラートが望んだのは、評議会やギルド、その他のアソシエーションがそれとは別の方法を発見することであった。とりわけ、計画プロトコルを用いることで、さまざまな「働き方」を――「一つの単位に還元する」ことのできない様々な異なる基準を考慮して――自分たちで直接に比較しながら、互いに協働して社会全体の目標を達成することができるとノイラートは考えたのである。

今日のデジタルテクノロジーはこのような比較や協働を容易にするだろう。鉛筆生産者のアソシエーションはアルゴリズムによってトークンや「ポイント」を――経済学者ダニエル・サロのデジタル社会主義モデルのように――割り当てられており、アソシエーションはこれらを使ってグラファイトや木材、そしてその他の中間財の入札をおこない、最適な方法で鉛筆を製造しようとするだろう。その際、鉛筆製造のアソシエーションは定期的にグラファイトを消費する他のアソシエーションと会合をもつであろう。彼らは既存の資源配分のパターンを検討しながら、より大きな社会的目標も考慮し、それにもとづいてグラファイトの配分プロトコルを修正するであろう。延々と続くほどではないにしろ、とてつもなく長い時間がかかる一連の会議は、アルゴリズムとプロトコルの助けを借りることによって、より運営しやすいものに、すなわち、複雑で多様な基準を調整することのできる合理的な計画化プロセスとなるだろう。

出発点がどんなものであろうと、未来の社会主義者は生産機構の全体的なあり方を変えるところから始めようとするかもしれない。例えば、生産能力に深刻な影響を与えることなく、週の労働時間を五年間で一〇％削減するという目標を掲げるかもしれない。そのさい、労働者と消費者のアソシエーションは、自分たちにかかわる特定の領域で生産性の水準を向上させることのできる選択肢を検討するだろう。新たなテクノロジーは鉛筆工場の労働生産性を改善するが、そのかわりにより急速な森林破壊をもたらすかもしれない。また、新たな方法で病院を組織することによって看護師の労働時間を削減することができるが、それと引き換えに高齢者介護の質が低下するかもしれない。労働者や消費者のさまざまなアソシエーションはこれらの問題にたいしてどう対処するのだろうか？

アソシエーションはそれぞれのプランを直接に比較することによって、好ましいものを推薦し、決定を下すことになるが、そのさい、生産性向上のためのイノベーションが、持続可能性や正義といった、それらのアソシエーションの構成員が気にかけているその他の課題に与える影響について考慮するであろう。ある時点で、委員会は、労働時間削減という社会全体の目標と実際の成果を比較して、残っている課題を洗い出し、解決策を理論化し、それにもとづいて、特定の種類の労働が優先されるようにインセンティブを調整するかもしれない。

この観点からすれば、計画化のプロセスが、アルゴリズムのダッシュボードのボタンを一つ押せば完全な形で生まれてくる、というようなものではないことは容易にわかる。また、生産が、人間の生活を攪乱させ環境を破壊するという犠牲を払いながら、たえず変革されるということはないだろう。そうではなく、一つ一つの調整が生産過程を広範で多様な基準からみてより合理的なものに──資本主義的な意味ではなく、ノイラート的な意味で──するであろう。人々じしんが、自らのために提案し、議論し、そして改善を行うのである。

そのような生産機構は、工場というより、「フードフォレスト」に近いであろう。それは食用植物の庭園であり、何百年も手入れをし、物質的にも精神的にも多様なニーズに対応できるよう設計されたものである。そのような生産機構は、世代を超え、過去と未来を結びつけるだろう。人類の多くが自らが望むように生活し労働することを可能にする共通の遺産となるであろう。拡大された自由の領域は、このような相互義務の共有領域をこえ、誰かの物質的保障や個人の自由を危険にさらすことなく、万人が探求することができるラディカルな実験を行うための空間を徐々に拡張していくであろう。

鉛筆製造者のためのダンスクラブ

社会主義社会の建設においてデジタルテクノロジーが助けになることは間違いないが、それが果たす役割を明確にしておかなければならない。私たちは、ソフトウェアが価格メカニズムを代替することを望んではいない。社会主義社会がどれほどデジタルテクノロジーに媒介されるようになろうとも、すべての次元で民主主義的な熟議の必要性から逃れることはできないであろう。人類はけっしてたんなる規則の遵守者ではない。彼らは、時には社会的な利益のために、時には個人的な便益のために、そしてしばしばその両方のために、規則の先にあるものを展望するのである。

同時に、私たちは、終わりのない熟議が望ましいものではなく、失敗する運命にあることを受け入れなければならない。そもそもそれが機能するには、コスト管理にだけ注目するのではなく、多様な基準に基づいた意思決定を行うために、社会はアルゴリズムを利用して実行すべき選択肢を明確化し、プロトコルによってこれらの選択を行う方法を構造化しなければならないのである。私たちは単一の統合されたメカニズムに依拠して、この目的を達成することはできない。私たちには多くのメカニズムが必要なのだ。そして、これらのメカニズムが望ましくない結果を生み出したり、新しい形態の支配を生み出す恐れがある場合には、開かれた議論をつうじて、これらのメカニズムを修正しなければならない。

プロトコルとアルゴリズムを設計するにあたっては、社会変革のプロセスのポイントが、労働の改善だけでなく、労働時間の短縮にもあることを忘れないことが決定的に重要である。多くの場合、社会主義者は労働を人間的自由の最高の実現だと見なしてきた。実際には、労働は完全に自由な活動とはならないであろう。しかし、資本主義的な成長という義務に縛られない世界においては、先進的なテクノロジーによって各個人に求められる労働量を大幅に削減することができる。自由時間と利用可能な空間が拡大することによって、すべての個人は労働中心のアイデンティティの外部で自らの人格性を発展させることができるであろう。

世界の鉛筆製造者は、専門的なジムやダンスクラブを始めたり、劇団に入ったり、アマチュアの科学学会を作ったりするなど、もっと広範な目標を達成するために自由に時間を使うだろう。労働を超えた豊かで多様な生活が可能になるのは、労働が公正かつ合理的な仕方で、しかも人間を再び従属させようとするどんな力にも抵抗しうるような仕方で組織される場合だけである。私たちは、この目標を達成してくれるような人工知能のブレークスルーを待つのではなく、今日から、未来のプロトコルの開発を始めるべきである。

この論文は、ビョルン・ウェスターガルト氏との対話や支援なしには書くことはできなかった。

監訳者解説

本書は、*Aaron Benanav, Automation and the Future of Work*, Verso, 2020 の全訳である。この邦訳にあたっては、今年（二〇二二年）の四月に書かれた「日本語版への序文」を新たに追加したほか、補論として「鉛筆の作り方——望めば資本主義は終わる」（二〇二〇年一二月）を訳出した。前者は本書のポイントを簡潔に示したものであり、後者は最終章では暗示されるにとどまっている現在の新たなテクノロジーのもとでの社会主義経済の可能性が探求されている。いずれも本書の理解に大いに役立つはずである。

著者のアーロン・ベナナフは経済史および社会理論を専門とする研究者である。二〇一五年に「失業の世界史——一九四九年から二〇一〇年の世界経済における過剰人口」という論文によってカリフォルニア大学ロサンゼルス校で博士号（歴史学）を取得し、二〇二〇年から二〇二二年までベルリン・フンボルト大学の博士研究員を務めていた。二〇二二年八月からはアメリカ・シラキュース大学社会学部助教に就任している。

ベナナフは *Jacobin* や *The Guardian* に寄稿したり、ポッドキャストで発信したりするなど、左派的な言論活動にも精力的に関わっている。本邦訳の原著*Automation and the Future of Work*も大きな反響を呼び起こしている。すでにスペイン語訳、ドイツ語訳、韓国語訳が刊行されており、さらに中国語、フランス語、イタリア語、トルコ語、ロシア語にも翻訳予定であるという。まさに新進気鋭の研究者であるといえよう。

さて、一読していただければわかるように、本書は非常にクリアな筆致で明快に議論を展開しており、内容そのものの理解はとくに難しくない。また、先述したように、本邦訳は著者自身のダイジェストとも言える「日本語版への序文」も収録している。この解説で改めてベナナフの議論を要約して屋上屋を架す必要はないだろう。そこで、ここでは、日本の読者にとってやや理解しづらいと思われる、本書の議論のコンテキストについて述べておくことにしたい。

本書の主題はいわゆる「オートメーション論（自動化論）」にたいする批判であるが、このテーマは日本の読者にはやや馴染みが薄いだろう。たしかに、本書でも度々取り上げられる*The Second Machine Age*の邦訳（『ザ・セカンド・マシン・エイジ』日経BP）が刊行されたり、井上智洋氏の『人工知能と経済の未来――二〇三〇年雇用大崩壊』（文春新書）がヒットしたりするなど、日本でもオートメーション論がまったく普及していないわけではない。だが、近年の日本の経済的没落と科学技術の停滞を反映してか、欧米に比べてこれらの言説の社会的影響は乏しいようにみえる。

さらに、日本では、左派の言説において「オートメーション論」がほとんど影響力をもっていないという事情もある。それを象徴するのが、左派オートメーション論の代表的な著作である、ニック・スルニチェクとアレックス・ウィリアムズの『未来を発明する――ポスト資本主義と労働なき世界（*Inventing the Future: Postcapitalism and a World Without Work*）』が未だに邦訳されておらず、それをめぐる議論も――『現代思想』に掲載された論考における断片的な紹介や斎藤幸平による批判を除いて――ほとんどなされていないことであろう。同じく左派オートメーション論の代表的な論客の一人である、アーロン・バスターニの『完全にオートメーション化されたラグジュアリーコミュニズム』の邦訳はすでに堀之内出版から刊行されているが、残念ながら今のところ日本の左派の言説にはほとんどインパクトを与えていない。

たしかに、バスターニなどの著作を読むと、オートメーションによる経済の潤沢化が貧困、温暖化、高齢化などの経済的および技術的問題のすべてを解決するという、その論調は荒唐無稽にしかみえないかもしれない。ＡＩによる完全オートメーション化、潤沢で尽きることのない再生可能エネルギー、ロケットの低コスト化による小惑星での資源採掘、生物の情報財化による豊富な食糧供給などによって経済が潤沢化すれば、生産物の希少性という資本主義システムが存立するための物質的土台が掘り崩され、万人が社会的富に自由にアクセスすることのできる「ポスト希少性社会」のための潜在的条件が生まれる。だとすれば、いまや必要なのは、その潜在的可能性を現実化するための「完全自動の贅沢な共産主義」という政治的プロジェクトである……。

このようなストーリーは、もはやSFそのものであろう。かつて世界第二位の「経済大国」に登り詰めながら、「ジャパナイゼーション」という言葉が端的に示しているように、いまや没落「先進国」の象徴のような存在になってしまっている日本において、このような楽観主義的なビジョンが響かないのも当然かもしれない。

だが、このようなある種の荒唐無稽さは、左派オートメーション論の弱点であると同時に、その魅力の源泉でもある。ベナナフもまた、一方では左派のオートメーション論をその現状認識と原因分析の妥当性をめぐって厳しく批判しつつも、他方ではそれがポスト資本主義社会にたいする私たちの想像力を大いに触発するものであることを高く評価している。半世紀にも及ぶ「長期停滞」と新自由主義の時代に、現存「社会主義」体制の崩壊ともあいまって、左派の側は撤退戦を強いられてきた。過去の労働運動や社会運動が獲得した制度や権益を防衛するための闘争に注力しているうちに社会変革の想像力を喪失していき、「自由」や「改革」という言葉はむしろ新自由主義の側に簒奪されてしまった。二〇一〇年代に様々な論者によって展開された左派のオートメーション論は、まさにこのような閉塞した言説状況を打破しようとするものだったのである。序文で述べられているように、まさにベナナフもこのような言説に触発され、大胆かつ想像力豊かに未来社会を構想するようになった論者の一人である。とりわけそれは本書の6章や補論の「鉛筆の作り方」によく示されている。

とはいえ、ここにはもう一つのコンテキストがある。それは、本書でも少しだけ言及されている、スルニチェクたちによる「素朴政治」にたいする批判である。

我々は、「素朴政治(folk politics)」という概念をもちいて、いかにして、そして、なぜ我々がより良い未来を打ち立てるための能力を失ってしまったのかについての診断を与える。素朴政治的な思考のもとで、反グローバリゼーション運動から反戦、そしてオキュパイ・ウォール・ストリートに至る近年の闘争サイクルは、ローカルな空間や直接行動の物神化、さらには運動の一時性やあらゆる種類の特殊性の物神化を伴ってきた。この種の政治は、獲得物を拡大し強固にするという困難な仕事を引き受けるのではなく、グローバルな新自由主義の侵食に抵抗するための掩体壕を構築することに焦点を合わせてきた。そうすることで、それは防衛のための政治となり、新たな世界を表現したり、構築したりすることができなくなったのだ。ネオリベラリズムから脱却し、より良い社会を築き上げるために闘争している運動にとって、こうした素朴政治的なアプローチは不十分なものである。本書は、このようなアプローチにたいするオルタナティブとして、自分たちの未来をコントロールする力を取り戻し、資本主義が可能にするよりもさらにモダンな世界への野心を育むことを追究する、そのような政治を打ち出すものである。二一世紀のテクノロジーに内在するユートピアの潜在的可能性はもはや偏狭な資本主義的想像力に縛り付けることができるものではない。そうした可能性を野心的な左派のオルタナティブによって解放しなければならないのだ。(*Inventing the Future*, p. 3)

要するに、スルニチェクたちは近年のボトムアップ的な社会運動を「素朴政治」と特徴付け、その局地的、直接行動的、一時的、特殊的性格を脱却し、グローバルで、直接行動にとどまらない、継続的かつ普遍的なビジョンを打ち出すことなしには、ネオリベラリズムを克服した新しい社会を実現することはできないと主張するのである。この「素朴政治」にたいする批判も、多くの左派が政治主義的な変革構想しか語らないこの日本においては、理解しづらいものではないかと思われる。

そもそもスルニチェクたちがいう「素朴政治」なるものは、近年、突如として登場したものではない。その背景には二〇世紀型の政治中心主義的な左派運動の行き詰まりがある。

二〇世紀の左派政治において圧倒的な影響力を誇ったのは、一方ではロシア共産党(ボリシェヴィキ)から派生した「国際共産主義」運動であり、他方では組織された労働運動の力を背景にして大きな影響力を誇った社会民主主義運動であった。前者は紆余曲折ありながらもロシア革命の成果を防衛し東欧圏を「社会主義」圏に組み入れ、さらには、中国革命、ベトナム革命、キューバ革命などをつうじていわゆる「発展途上国」においても「社会主義」圏を拡張することに成功し、国際的な「社会主義」体制を構築するに至った。後者も、戦後の西欧諸国において幾度も政権の座を獲得し、充実した社会保障制度を備えた「福祉国家」を実現していった。

ところが、このような左派の二大潮流は一九六〇年代末以降、すなわち資本主義体制が低成長に移行するにつれ、徐々に衰退していく。「国際共産主義」運動はスターリン批判やハンガリー革命、さらにはプラハの春への対応をめぐって国際的な分裂を深め、ソ連や東欧「社会主義」の内実がかつてマルクスの展望した社会主義からはほど遠いものであることが明らかになるにつれ、その権威を失墜させていった。また、経済的にも先進資本主義諸国のような大量生産・大量消費を可能にする成功を収めることができなかったばかりか、七〇年代以降は、経済システムの運営そのものが困難に陥っていった。他方の社会民主主義運動も低成長のなかで資本から妥協を引き出すことが困難になり、脱工業化の進展によって労働運動そのものの力が低下していくなかで、新自由主義に大幅に妥協した「第三の道」を模索するようになっていった。だが、このような資本側への迎合は社会民主主義勢力としての独自の立場を脅かすものであり、結果として、ますます影響力を喪失することになったのである。

このような二〇世紀型の左派運動が陥った困難を打破し、新しいタイプの左派運動を再構築しようとしたのが、「素朴政治」的な社会運動である。スルニチェクたちが列挙する「素朴政治」の特徴は、まさに二〇世紀型の左派運動のアンチテーゼであった。「国際共産主義」運動と社会民主主義運動のいずれも、手法やイデオロギーにおいて大きな差異がありながらも、少なくとも建前のうえでは労働者階級をその政治的基盤とした政党が、近代国家の政治権力を掌握することにより、中央集権的に政策を実行するという特徴をもっていた。一九七〇年代以降活性化した新しい左派運動は、このような近代的な政治システムに依拠したトップダウン型の「反システム運動」の限界を認識し、局地的かつ一時的な民衆の直接運動に依拠し、労働者階級にとどまらない多様な社会的マイノリティの要求の実現を目指す「新しい社会運動」へとシフトしていったのである。二一世紀になって活性化した闘争サイクル、すなわち反グローバリゼーション運動からオキュパイ・ウォール・ストリートまでの社会運動は、このような「新しい社会運動」をバージョンアップしたものにほかならない。

だが、オキュパイ運動などを起点として世界中に拡大した二〇一一年の社会運動が終息すると、今度はこうしたボトムアップ型の水平主義的な社会運動の限界に目が向けられるようになっていった。なるほど、草の根的な直接民主主義的な社会運動は素晴らしいが、それだけでは散発的、一時的な運動にとどまり、社会全体にたいして長期にわたる影響を及ぼすことはできない、というわけである。とりわけ、近年、気候危機が深刻化するなかで資本主義的生産様式からのシステムチェンジが左派にとっての重要な課題となるなかで、この欠点は致命的とでも言うべきものであった。二〇世紀型の左派プロジェクトの限界を直視しながらも、やはり、たんなるボトムアップ型の直接民主主義にとどまらない、より体系的なポスト資本主義社会にむけてのビジョンが必要とされているのである。

スルニチェクらの議論もこのような流れに棹さすものであるが、彼らのような左派オートメーション論の特徴は、「素朴政治」を克服するための物質的基礎をテクノロジーの発展に見出そうとする点にある。彼らによれば、資本主義的生産様式のもとでは生産力が発展し、省力化が進展するのだから、階級闘争や国家による投資をつうじてこれを極限まで推し進めていくことができれば——労働力価値の上昇は資本家たちの省力化を強制し、国家による投資は短期的な利潤の増大に縛られない生産力の発展を可能にする——一方では商品生産の限界費用はかぎりなくゼロに接近していき、他方では自動化によって労働力が不要になり、資本主義システムの根幹をなす市場と賃労働の双方が困難になっていく。それゆえ、もはや資本主義システムは潜在的には自らを維持することができないような生産力を生み出しつつあり、ポスト資本主義社会への転換を阻んでいるのはこの可能性が現実化するのを押しとどめようとする資本家階級の権力にほかならないというのである。さらには、このようなポスト資本主義社会は、労働時間の大幅な削減をつうじて、エネルギー消費量を削減し、気候危機の解決に寄与することもできるだろう。だとすれば、左派がなすべきことは、たんに水平主義や直接行動を重視する「素朴政治」にとどまるのではなく、資本主義のもとでのオートメーション化が潜在的に実現しつつあるポスト希少性社会を、新たな政治プロジェクトによって実現することである、ということになるだろう。

このような左派オートメーション論のビジョンにどのような問題があるかについては、本書のなかでベナナフが様々な観点から指摘しているので、ここでは繰り返さない。だが、念のため、二点だけ指摘しておこう。

第一に、彼らの実際の議論、なかでもスルニチェクとウィリアムズの議論はここで要約したほどに単純なものではない。彼らは水平的なボトムアップ型の運動の意義を否定しているわけではないし、あるいは、単純に自動化＋ベーシックインカムのみによって現在の資本主義の問題が克服できると考えているわけでもない（先述のバスターニはむしろポスト希少性社会と相性がいいのは普遍的なベーシック・サービスの給付だと主張しているし、スルニチェクたちもベーシックインカムが福祉国家の補完物でなければならないことを明言している)。私のように、大枠ではベナナフの批判に首肯する者であっても、政治的なヘゲモニープロジェクトの重要性や、社会的権力関係がテクノロジーやインフラストラクチャーの発展の方向に与える影響についてなど、彼らのさまざまな問題提起から多くのことを学ぶことができる。本書を興味深く感じてくださった読者の方はぜひ、スルニチェクたちの本やバスターニの本も読んで理解を深めて欲しい。

第二に、彼らの「素朴政治」批判は、当たっている面もあるが、やはり射程が狭いといわざるをえない。というのも、彼らは資本主義システムが必然的に生み出す権力関係が、その政治的上部構造としての近代的政治システムを中立的な道具として扱うことを不可能にしていることを十分に理解していないからだ。つまり、一九七〇年代の西ドイツにおけるマルクス主義者たちの論争が提起したように、近代的政治システムによる資本主義的生産様式への介入には自ずから一定の制限が課せられているのだ。端的な例を挙げれば、近代国家の組織編成は貨幣の力に依存しているのだから、究極的には、近代国家の力は資本主義的生産の維持および拡大に依存していることになる。それゆえ、近代政治権力に依拠しようとするかぎり、その政治勢力の体制内化は不可避である。実際、これは西欧の社会民主主義政権だけではなく、政治権力による社会変革という変革戦略をとってきたあらゆる政治的左派が直面してきた問題なのである。この観点からすれば、「素朴政治」はむしろ、以上のような政治主義的変革構想の陥穽を回避するための必要条件とさえ言えるであろう。

もちろん、このことは現代の社会変革に体系的なビジョンや諸運動をまとめ上げていくリーダーシップが不要であるということを意味するものではない。この点に正面から応答しているのがマイケル・ハートとアントニオ・ネグリの諸著作であろう。彼らはすでに二〇〇〇年に刊行された『帝国』において「マルチチュード」という概念を用いて水平主義的な諸運動が構成する共産主義運動というグランドセオリーを提示していたが、最新作の『アセンブリ』では、さらに、これまで見てきたような議論に応答するかたちでマルチチュードとリーダーシップの関係についての新たな定式を展開している。すでに岩波書店から邦訳が刊行されているので関心のある読者はぜひこちらも参照していただきたい。

二〇一一年以降、社会運動がラディカル化し、気候危機のもとで「ジェネレーション・レフト」と呼ばれる新たな世代が台頭しつつある世界の動向とは対照的に、日本ではリベラル・左派政党が右傾化の一途をたどり、社会運動も停滞したままであり、一見何の展望もないようにみえる。しかし、必ずしも絶望的な状況にあるわけではない。リベラル・左派の衰退のなかからこれまでの日本の運動の地勢図にとらわれない若い世代が登場しつつあるからだ。そうであるかぎり、今後、この日本でも新しいラディカルな左派の再建が重要な課題となっていくであろう。その際、肝要なのはやはりビジョンである。かつて丸山真男が指摘したように、日本では「思想が対決と蓄積のうえに歴史的に構造化されない」という「伝統」があり、過去の運動の経験の理論的総括のうえに新たなビジョンを打ち出していくという文化に乏しい。だが、左派オートメーション論や「素朴政治」批判をめぐる論争が示しているように、運動経験の理論的総括なしに、様々な個人や団体が想像力豊かな変革構想を練り上げていくことはできない。本書がそのような試みを活性化させていくための一つの手がかりとなることを心から願っている。

二〇二二年七月

佐々木隆治

原注

1　オートメーション言説

1　エドワード・ベラミーのユートピア小説*Looking Backward, 2000–1887*, Oxford, 2007 [1888], p. 68〔ベラミー『顧りみれば』山本政喜 訳、岩波書店、1953年、115頁〕を参照。

2　それぞれDaniela Hernandez, "How to Survive a Robot Apocalypse: Just Close the Door," *Wall Street Journal*, November 10, 2017; David Autor, "Why Are There Still So Many Jobs? The History and Future of Workplace Automation," *Journal of Economic Perspectives*, vol. 29, no. 3, 2015, pp. 25–6を参照。

3　Andy Puzder, "The Minimum Wage Should Be Called the Robot Employment Act," *Wall Street Journal*, April 3, 2017; Françoise Carré and Chris Tilly, *Where Bad Jobs Are Better: Retail Jobs across Countries and Companies*, Russell Sage, 2017.

4　この立場は、技術革新が社会変革なしにそれ単独でユートピア的世界を作り出すとするレイ・カーツワイルのような技術楽観主義者の立場とは異なる。

5　Erik Brynjolfsson and Andrew McAfee, *TheSecond Machine Age: Work, Progress, and Prosperity in a Time of Brilliant Technologies*, W.W. Norton, 2014, pp. 34, 128, 134ff, 172, 232.〔エリック・ブリニョルフソン／アンドリュー・マカフィー『ザ・セカンド・マシン・エイジ』村井章子 訳、日経BP、2015年、64、213、221〜224、281、232頁〕

6　Martin Ford, *Rise of the Robots: Technology and the Threat of a Jobless Future*, Basic Books, 2015, pp. xvii, 219.〔マーティン・フォード『ロボットの脅威――人の仕事がなくなる日』日本経済新聞出版社、2018年、24〜25、314頁〕

7　前掲書pp. 257–61〔326〜329頁〕を参照。毎年出版される数多くのオートメーション化を話題にする本のうち、Carl Benedikt Frey, *The Technology Trap: Capital, Labor, and Power in the Age of Automation*, Princeton, 2019〔カール・B・フレイ『テクノロジーの世界経済史――ビル・ゲイツのパラドックス』村井章子 訳、日経BP、2020年〕およびDaniel Susskind, *A World without Work: Technology, Automation, and How We Should Respond*, Metropolitan, 2020の2冊が優れている。オートメーション化に関する考察の波に遅れて登場したこれらの本は、オートメーション化言説のなかでは悲観的な立場をとっている。フレイは、オートメーション化は必ずしも労働なき世界を作り出すとは限らないと考えている。サスキンドはオートメーショ

ン化が労働なき世界を作ると考えているが、解決策としてのUBIの妥当性には異論を唱えている。

8 Andy Kessler, "Zuckerberg's Opiate for the Masses," *Wall Street Journal*, June 18, 2017.

9 たとえば Iain M. Banks, *Look to Windward*, Pocket Books, 2000; と彼の "Notes on the Culture," collected in Banks, State of the Art, Night Shade Books, 2004を参照せよ。

10 それぞれ以下を参照せよ。Claire Cain Miller, "A Darker Theme in Obama's Farewell: Automation Can Divide Us," *New York Times*, January 12, 2017; Kessler, "Zuckerberg's Opiate For the Masses"; Eduardo Porter, "Jobs Threatened by Machines: A Once 'Stupid' Concern Gains Respect," *New York Times*, June 7, 2016; Kevin Roose, "His 2020 Campaign Message: The Robots Are Coming," *New York Times*, February 12, 2018; Andrew Yang, *The War on Normal People: The Truth about America's Disappearing Jobs and Why Universal Basic Income Is Our Future*, Hachette, 2018〔アンドリュー・ヤン『普通の人々の戦い——AIが奪う労働・人道資本主義・ユニバーサルベーシックインカムの未来へ』早川健治 訳、那須里山舎、2020年〕; Andy Stern, *Raising the Floor: How a Universal Basic Income Can Renew Our Economy and Rebuild the American Dream*, PublicAffairs, 2016.

11 Nick Srnicek and Alex Williams, *Inventing the Future: Postcapitalism and a World without Work*, Verso, 2015, p. 112.

12 Peter Frase, *Four Futures: Life after Capitalism, Verso, 2016; Manu Saadia, Trekonomics: The Economics of Star Trek*, Inkshares, 2016.

13 Srnicek and Williams, *Inventing the Future*, p. 127.

14 Aaron Bastani, *Fully Automated Luxury Communism: A Manifesto*, Verso, 2019.〔アーロン・バスターニ『ラグジュアリーコミュニズム』橋本智弘 訳、堀之内出版、2021年〕

15 マーティン・フォードによれば、パンデミックは「消費者の好みを変え、実際にオートメーション化への新しい機会を開いた」。引用はZoe Thomas, "Coronavirus: Will Covid-19 speed up the use of robots to replace human workers?," *BBC News*, April 19, 2020より。Michael Corkery and David Gelles, "Robots Welcome to Take Over, as Pandemic Accelerates Automation," *New York Times*, April 20, 2020やCarl Benedikt Frey, "Covid-19 will only increase automation anxiety," *Financial Times*, April 21, 2020も参照せよ。対照的な議論としては、Matt Simon, "If Robots Steal So Many Jobs, Why Aren't They Saving Us Now?," *Wired Magazine*, March 23, 2020.

16 Kurt Vonnegut, *Player Piano*, Dial Press, 2006 [1952], p. 73.

17 カール・フレイとマイケル・オズボーンはもともと2013年にOxford Martin working paper onlineで自分たちの研究を発表している。これは後に"The

Future of Employment: How Susceptible Are Jobs to Computerization?," *Technological Forecasting and Social Change*, vol. 114, January 2017として出版された。Ljubica Nedelkoska and Glenda Quintini, "Automation, Skills Use, and Training," *OECD Social, Employment, and Migration Working Papers*, no. 202, 2018.

18 Jerry Kaplan, "Don't Fear the Robots," *Wall Street Journal*, July 21, 2017からの引用。Robert Atkinson and John Wu, "False Alarmism: Technological Disruption and the US Labor Market, 1850–2015," Information Technology and Innovation Foundation, 2017, itif.orgを参照せよ。

19 Wassily Leontief, "Technological Advance, Economic Growth, and the Distribution of Income," *Population and Development Review*, vol. 9, no. 3, 1983, p. 404.

20 ケインズは、資本主義経済のいかなるメカニズムも自動的に完全雇用を生み出すことはないという彼自身の発見にたいして同様のリアクションをしている。彼による"Economic Possibilities for Our Grandchildren (1930)," in *Essays in Persuasion*, Harcourt Brace, 1932〔ケインズ「わが孫たちの経済的可能性」『ケインズ全集』第9巻、宮崎義一 訳、東洋経済新報社、1981年〕; and William Beveridge, Full Employment in a Free Society, George Allen & Unwin, 1944の特にpp. 21–3を参照。〔ウィリアム・H・ベヴァリッヂ『自由社会における完全雇用（上）』井手生 訳、日本大学経済科学研究所、1951年、47〜51頁〕

21 Karl Marx, *Capital: A Critique of Political Economy*, vol. 1, Penguin Classics, 1976 [1867], pp. 492–508.〔カール・マルクス『資本論』第1巻 第2分冊、岡崎次郎 訳、大月書店、1972年、245〜269頁〕

22 Amy Sue Bix, *Inventing Ourselves out of Jobs: America's Debate over Technological Unemployment, 1929–1981*, Johns Hopkins University Press, 2000, pp. 305–7. Jason Smith, "Nowhere to Go: Automation, Then and Now," *Brooklyn Rail,* March–April 2017も参照せよ。

23 恒常的な労働需要の低迷を説明するうえで、近代史のなかで周期的に現れてくるさらに悪質な2種類の理論がある。ひとつは、説明にさいしてマルサス主義的な人口動態論を参照するもので、もう1つはユダヤ人の銀行家が貨幣供給を操っているという虚偽の証拠を持ち出すものだ。Ian Angus and Simon Butler, *Too Many People? Population, Immigration, and the Environmental Crisis*, Haymarket, 2011やMoishe Postone, "Anti-Semitism and National Socialism: Notes on the German Reaction to *Holocaust*," *New German Critique*, 19, S1, 1980を参照せよ。

24 たとえばJeanna Smialek and Keith Collins, "How the Fed Lost Its Faith in 'Full Employment,'" *New York Times*, December 12, 2019を参照せよ。連邦準備制度じしんの内部でも、R・ジェイソン・フェイバーマンらは、2008年の危機以来、就業意欲喪失者、時間上の不完全雇用者、所得上の不完全雇用者が

存在するために、「失業率」が捉えてきたのは「労働市場における潜在的余剰人員の一部だけ」であったと述べている。R. Jason Faberman, "The Shadow Margins of Labor Market Slack," NBER Working Paper 26852, March 2020. もちろん、COVID-19のパンデミック不況によって、こうした論争の多くは意味のないものとなった。

25 Aaron Benanav, "Crisis and Recovery," *Phenomenal World*, April 3, 2020, phenomenalworld.orgから入手可能。

26 グローバルな労働分配率の測定には自営業の収入が含まれている。これは、低収入の国では多くが独立の労働者や無給の家族労働者だからである。

27 Josh Bivens and Lawrence Mishel, "Understanding the Historic Divergence between Productivity and a Typical Worker's Pay," EPI Briefing Paper 406, September 2015やPaolo Pasimeni, "The Relation between Productivity and Compensation in Europe," European Commission Discussion Paper 79, March 2018を参照せよ。

28 Kathleen Thelen, *Varieties of Liberalization and the New Politics of Social Solidarity*, Cambridge University Press, 2014を参照せよ。

29 David Autor, "Paradox of Abundance: Automation Anxiety Returns," in Subramanian Rangan, ed., *Performance and Progress: Essays on Capitalism, Business, and Society*, Oxford University Press, 2015, p. 257やRobert J. Gordon, *Rise and Fall of American Growth*, Princeton University Press, 2016, p. 604を参照せよ。

30 Fredric Jameson, *Archaeologies of the Future: The Desire Called Utopia and Other Science Fictions*, Verso, 2005〔フレドリック・ジェイムソン『未来の考古学 第1部 ユートピアという名の欲望』秦邦生訳 訳、作品社、2011年、フレドリック・ジェイムソン『未来の考古学 第2部 思想の達しうる限り』秦邦生・河野真太郎・大貫隆史 訳、作品社、2012年〕を参照せよ。

31 James Boggs, "Manifesto for a Black Revolutionary Party," in Stephen M. Ward, ed., *Pages from a Black Radical's Notebook: A James Boggs Reader*, Wayne State University Press, 2011, p. 219.

2 労働のグローバルな脱工業化

1 ILO, *Key Indicators of the Labour Market*, 9th ed., 2015より推計。本統計は2019年の予測を含んでいる。グローバル経済の内部では、サービス労働者の多くはインフォーマルな形で雇われており、ゴミを拾い集めたり手押し車で食べ物を売り歩いたり、20世紀の技術であるスーパーマーケットや大規模小売店、冷凍車などによって消滅しているはずの仕事をしている。

2 Nick Dyer-Witheford, *Cyber-proletariat: Global Labour in the Digital Vortex*, Pluto, 2015, p. 184. 定型的な知的活動は、高度な熟練を要するもの

であっても、現在の機械に備わっている以上の器用さを必要とする非定型的な手作業よりもオートメーション化しやすいようだ。Erik Brynjolfsson & Andrew McAfee, *The Second Machine Age: Work, Progress, and Prosperity in a Time of Brilliant Technologies*, W.W. Norton, 2014, pp. 28–9.〔エリック・ブリニョルフソン／アンドリュー・マカフィー『ザ・セカンド・マシン・エイジ』村井章子 訳、日経BP、2015年、54～58頁〕

3 Eve Batey, "Is SF Facing a Robot Food Apocalypse?," *Eater San Francisco*, January 8, 2020. Tim Carman, "This Automated Restaurant Was Supposed to Be the Future of Dining. Until Humanity Struck Back," *Washington Post*, October 24, 2017も参照。

4 たとえば以下を参照。Brynjolfsson & McAfee, *Second Machine Age*, pp. 30–1〔ブリニョルフソン／マカフィー『ザ・セカンド・マシン・エイジ』58～60頁〕; Martin Ford, *Rise of the Robots: Technology and the Threat of a Jobless Future*, Basic Books, 2015, pp. 1–12.〔マーティン・フォード『ロボットの脅威――人の仕事がなくなる日』日本経済新聞出版社、2018年、27～42頁〕

5 David Autor, "Why Are There Still So Many Jobs? The History and Future of Workplace Automation," *Journal of Economic Perspectives*, vol.29, no.3, 2015, p. 23.

6 Eileen Appelbaum & Robald Schettkat, "Employment and Productivity in Industrialized Economics," *International Labour Review*, vol. 134, nos. 4–5, 1995, pp. 607–9.

7 特に指定のない限り、本章の統計はConference Board, *International Comparisons of Manufacturing Productivity and Unit Labour Cost*, last updated January 2020および*Total Economy Database*, last updated April 2019を参照している。

8 Fionna Tregenna, "Characterizing Deindustrialization: An Analysis of Changes in Manufacturing Employment and Output Internationally," *Cambridge Journal of Economics*, vol. 33, no. 3, 2009, p. 433.

9 製造業は、典型的なものとして鉱業、建設業、公益事業を含む、より大きな工業部門の一部である。工業部門全体をみても雇用シェアは減少しているが、それは大部分（専らではないが）製造業の雇用喪失によるものである。

10 学術書では、頻繁に引用されるRobert Rowthorn & Ramana Ramaswamy, "Deindustrialization: Causes and Implications," IMF Working Paper, no. 97/42 (1997)などを参照。報道では、Eduardo Porter, "Is Populist Revolt Over? Not if Robots Have Their Way," *New York Times*, January 30, 2018を参照。

11 Brynjolfsson & McAfee, *Second Machine Age*, p. 100〔ブリニョルフソン／マカフィー『ザ・セカンド・マシン・エイジ』167頁〕より引用（原典はRobert Solow, "We'd Better Watch Out," *New York Times Book Review*, July 12, 1987）。

12 Brynjolfsson & McAfee, *Second Machine Age*, pp. 43–5.〔ブリニョルフソン／マカフィー『ザ・セカンド・マシン・エイジ』86〜90頁〕

13 以下を参照。Martin Neil Baily & Barry P. Bosworth, "US Manufacturing: Understanding Its Past and Its Potential Future," *Journal of Economic Perspectives*, vol. 28, no.1, 2014; Daron Acemoglu et al., "Return of the Solow Paradox? IT, Productivity, and Employment in US Manufacturing," *American Economic Review*, vol.104 no.5, 2014; Susan Houseman, "Understanding the Decline of US Manufacturing Employment," Upjohn Institute Working Paper, no. 18-287, 2018.

14 Baily & Bosworth, "US Manufacturing," p. 9. コンピュータと電子機器は米国の製造業の生産量の10〜15%を占めている。

15 Daniel Michaels, "Foreign Robots Invade American Factory Floors," *Wall Street Journal*, March 26, 2017.

16 International Federation of Robotics, "Robot Density Rises Globally," *IFR Press Releases*, February 7, 2018によれば、2016年における雇用者1万あたりの産業用ロボットの設置数が多い国は、韓国(631)、シンガポール(488)、ドイツ(309)、そして日本(303)であり、アメリカ合衆国(189)や中国(68)との違いが大きい。

17 標準的な経済会計において、付加価値は中間コストを控除した後の賃金や利潤などの収入に相当する。

18 この公式はいわゆる小さな項($\Delta P \Delta E$)を些細なものとして捨象している。また、この公式は労働生産性(O/E)の定義そのものによって真であるため、因果関係を証明するためには使用できないことに注意せよ。

19 注意すべきなのは、フランスにおける雇用喪失が他のヨーロッパ諸国よりも深刻であることである。

20 José Gabriel Palma, "Four Sources of 'Deindustrialization' and a New Concept of the 'Dutch Disease'," in José Antonio Ocampo, ed., *Beyond Reforms: Structural Dynamics and Macroeconomic Vulnerability*, Stanford U.P., 2005, pp. 79–81. Rowthorn & Ramaswamy, "Deindustrialization," p. 6およびDani Rodrik, "Premature Deindustrialization," *Journal of Economic Growth*, vol. 21, no. 1 (2016), p. 7も参照。

21 Rowthorn & Ramaswamy, "Deindustrialization," p. 20. Robert Rowthorn & Ken Courts, "De-industrialization and the balance of payments in advanced economies," *Cambridge Journal of Economics*, vol. 28, no. 5, 2004も参照。ローソンらは脱工業化を主に製造業とサービス業における生産性の伸び率の違いによって説明するが、脱工業化に先行する時期の存在にくわえ、工業化が脱工業化に移行する転換点のタイミングを説明する上では、需要構成の進化的変化という理論に頼っている。

22 たとえば、脱産業化を雇用における製造業のシェアの低下で測ると、脱産

業化はブラジルでは1986年に始まったが、そのときのブラジルの1人当たりGDPは（2017年の米国ドル購買力平価で）12,100ドルであり、フランスで脱産業化が始まった当時（1973年）のフランスの1人当たりGDPの半分より僅かに高いだけであった。南アフリカ、インドネシア、エジプトでは、脱産業化が始まった時点の所得水準はさらに低かった。Sukti Dasgupta & Ajit Singh, "Manufacturing, Services, and Premature Deindustrialization in Developing Countries: A Kaldorian Analysis," in *Advancing Development: Core Themes in Global Economics*, eds. George Mavrotas & Anthony Shorrocks, Palgrave Macmillan, 2007およびTregenna, "Characterizing Deindustrialization"を参照。

23 フィオナ・トリガナはこの過程を「工業化以前の脱工業化」と呼ぶ。Fionna Treganna, "Deindustrialization, Structural Change, and Sustainable Economic Growth," UNIDO/UNU-MERIT Background Paper, no. 32, 2015.

24 United Nations Industrial Development Organization, *Industrial Development Report 2018*, 2017, p. 166. UNIDOによれば、1991年から2016年までの25年間で全世界の製造業のシェアは14.4%から11.1%に低下したという。しかし、他の資料によれば、2010年代半ばのシェアは17%近くである。UNIDOの数字が他の資料よりも低いのは、中国の製造業の雇用をより厳密に計測しているためだと思われる。

25 経済の構造改革によって、1993年と2004年のあいだに国営企業の雇用は40%減少した。Barry Naughton, *The Chinese Economy: Transition and Growth*, MIT U.P., 2007, p. 105を参照。

26 World Trade Organization, *International Trade Statistics 2015,* 2015. 1950年代まで遡っていることに加え、世界の農業、鉱業、製造業、そして経済全体の生産と輸出を網羅している点で、表A1のデータは特異なものである。WTOがこのデータの更新を2015年で止めてしまったのは残念だ。

27 世界銀行は、グローバルな金融危機以降に「貿易が伸び悩んでいるのは、経済成長が貿易集約的ではなくなっただけでなく、全世界の成長率が減速したためである」と指摘している。Mary Hallward-Driemeier & Gaurav Nayyar, *Trouble in the Making? The Future of Manufacturing-Led Development,* World Bank, 2018, p. 81を参照。

28 ロバート・ブレナーはこの議論を*The Economics of Global Turbulence*, Verso, 2006などで展開している。ここでは、労働力の脱工業化を説明するために、ブレナーの議論を拡張している。世界貿易の「合成の誤謬」についての関連文献としては、たとえばRobert A. Blecker, "The Diminishing Returns to Export-Led Growth," a paper from the Project on Development, Trade, and International Finance, New York, 2000を参照。

29 Barry Eichengreen, *The European Economy Since 1945,* Princeton U.P., 2007, p. 18を参照。

30 冷戦構造におけるアメリカ合衆国の転換については、以下を参照。

Eichengreen, *European Economy*, pp. 54–8; Brenner, *Economics of Global Turbulence*, pp. 47–50; Yutaka Kosai, *The Era of High-Speed Growth*, Univ. of Tokyo Press, 1986, pp. 53–68; Herbert Giersch et al., *The Fading Miracle: Four Decades of Market Economy in Germany*, Cambridge U.P., 1992, pp. 17–26.

31 Brenner, *Economics of Global Turbulence*, pp. 67–93を参照。アイケングリーンも「第二次世界大戦後のヨーロッパ」を「輸出主導型の成長の典型的な例」として描いている。Eichengreen, *European Economy*, p. 38を参照。特に技術移転の果たした役割については前掲書pp. 24–6を、1949年の為替レート切り下げが果たした役割については前掲書pp. 77–9およびKosai, *High-Speed Growth*, pp. 67–8を参照。また、Nixon Apple, "The Rise and Fall of Full Employment Capitalism," *Studies in Political Economy*, vol.4, no.1, 1980も参照。

32 Brenner, *Economics of Global Turbulence*, pp. 50–1, 122–42を参照。1970年代以降、1970年代以降、ある地域が経済的に急成長するか、あるいは遅れをとるかは、国際為替レートの変動に大きく左右されるようになった。ドルの価値は1971年から1979年までは低下し、1979年から1985年までは上昇し、1985年から1995年までは再び低下し、その後は上昇した、等々。この各段階において、ドル建て通貨の価値も上昇と下降をくり返し、国際競争力に影響を与えた。このような通貨価値のたえざる変動のため、経済学の文献によく見られる傾向ではあるが、世界市場の動向を米国のパターンだけから評価することはできない。

33 以下を参照。UNCTAD, *Trade and Development Report 2006,* 2006, pp. 42–50; Kiminori Matsuyama, "Structural Change in an Interdependent World: A Global View of Manufacturing Decline," *Journal of the European Association*, vol. 7, nos. 2–3, 2009, pp. 478–86.

34 この議論のわかりやすい要約については、Robert Brenner interviewed by Jeong Seong-jin, "Overproduction Not Financial Collapse is the Heart of the Crisis: The US, East Asia and the World," *Asia-Pacific Journal*, vol. 7, issue 6, no. 5, 2009を参照。

35 Brenner, *Economics of Global Turbulence*, pp. 108–14を参照。図表については、UNIDO, *Industrial Development Report 2018*, p. 172を参照。製造業と非製造業の価格トレンドの相違については、ある程度まではボーモルのコスト病によっても説明可能であることに留意する必要がある。

36 Rodrik, "Premature Deindustrialization," p. 4を参照。

37 Brenner, *Economics of Global Turbulence*, pp. 37–40を参照。投資財の需要の低下は、さらに需要全体の停滞をもたらした。その結果、ある視点からは過剰生産状態の深刻化と映ったものが、別の視点からは過少投資と過少需要の深刻化となって現れ、市場拡大の減速と競争の激化をもたらした。

38 あらゆる企業は、先端技術を使用しているか否かにかかわらず、生産能力を

アップグレードし続けなければならない。Sanjaya Lall, “The Technological Structure and Performance of Developing Country Manufactural Exports, 1985–98,” *Oxford Development Studies*, vol. 28, no. 3, 2000, pp. 337–69を参照。

39 貧しい国々では労働力が急速に増加しているため、製造業の雇用伸び率の低下は絶対的ではなく相対的な場合が多い。製造業の雇用数は上昇していながら雇用割合が低下するのである。

40 Gary Gereffi, “The Organization of Buyer-Driven Global Commodity Chains: How US Retailers Shape Overseas Production Networks,” in *Commodity Chains and Global Capitalism*, eds. Gary Gereffi & Miguel Korzeniewicz, Praeger, 1994を参照。より最近の議論については、William Milberg & Deborah Winkler, *Outsourcing Economies: Global Value Chains in Capitalist Development*, Cambridge U.P., 2013を参照。

41 Brenner, Economics of Global Turbulence, p. 113.

42 この過程に関する初期の議論については、G.K. Helleiner, “Manufacturing Exports from Less-Developed Countries and Multinational Firms,” *Economic Journal*, vol. 83, no. 329, 1973, p. 28ffを参照。1966年から1980年までのあいだに、米国で生産してから国外で組み立てられた製品の米国への輸入は、価値にして953万ドルから約14億ドルになり、15年間で1300％以上も増加した。US International Trade Commission, *Imports under Items 806.30 and 807.00 of the Tariff Schedules of the United States, 1984–87*, 1988を参照。

43 Dyer-Witheford, *Cyber-Proletariat*, p. 71.

44 Gary Herrigel, Manufacturing Possibilities: Creative Action and Industrial Recomposition in the United States, Germany, and Japan, Oxford U.P., 2010を参照。

45 国際競争における中国のラストベストについては、Ching Kwan Lee, *Against the Law: Labour Struggles in China's Rustbelts and Sunbelt*, Univ. of California Press, 2007, esp. pp. 242–58を参照。

46 Peter Goodman, “The Robots Are Coming and Sweden Is Fine,” *New York Times*, December 27, 2017; Yuri Kageyama, “Reverence for Robots: Japanese Workers Treasure Automation,” *Associated Press News*, August 16, 2017. ロボット密度の統計については、International Federation of Robotics, “Robot Density Rises Globally”を参照。

47 Hallward-Driemeier & Nayyar, *Trouble in the Making?*, pp. 97–8.

---

3 スタグネーションの影

1 特に断りがない限り、MVAとGDPの伸び率は名目ではなく実質のインフレ

調整済みの数字を引用する。GDPの成長と労働生産性（雇用者1人当たり実質付加価値）についてはConference Board, *Total Economy Database,* last updated November 2018にもとづいている。

2 ドイツでは1973年からMVAとGDPの伸び率が下がったが、それでもMVAはGDPよりも早いペースで成長を続けた。他方、イタリアでは経済が完全に停滞した。

3 以下を参照。William Baumol, "Macroeconomics of Unbalanced Growth: The Anatomy of Urban Crisis," in *American Economic Review*, vol. 57, no. 3, 1967, pp. 415–26; Robert Rowthorn & Ramana Ramaswamy, "Deindustrialization: Causes and Implications," IMF Working Paper 97/42, 1997, pp. 9–11; Dani Rodrik, "Premature Deindustrialization," *Journal of Economic Growth*, vol. 21, no. 1, 2016, p. 16.

4 資本ストックのデータの出典は、*Penn World Table 9.1,* last updated September 2019, retrieved from FRED, Federal Reserve Bank of St. Louis, May 9, 2020.

5 Joseph Schumpeter, *Business Cycles*, vol.1, McGraw-Hill, 1939, pp. 93–4〔ヨーゼフ・シュンペーター『景気循環論――資本主義過程の理論的・歴史的・統計的分析』第1巻、吉田昇三 監修、金融経済研究所 訳、有斐閣、1958年、135～136頁〕を参照。

6 経済のスタグネーションと格差拡大との関係を理論的に説明しようとする経済学者もいる。たとえば、Thomas Piketty, *Capital in the Twenty-First Century*, trans. Arthur Goldhammer, Cambridge Massachusetts: The Belknap Press of Harvard University Press, 2014〔トマ・ピケティ『21世紀の資本』山形浩生・守岡桜・森本正史 訳、みすず書房、2014年〕とRobert J. Gordon, *Rise and Fall of American Growth*, Princeton University Press, 2016〔ロバート・J・ゴードン『アメリカ経済――成長の終焉』上下巻、高遠裕子・山岡由美 訳、日経BP、2018年〕を参照。また、ローレンス・サマーズの仮説をめぐる論考を集めたCoen Teulings & Richard Baldwin, eds., *Secular Stagnation: Facts, Causes, and Cures,* Vox, 2014も参照。

7 この現象については、Nicholas Kaldor, *Causes of the Slow Rate of Economic Growth in the United Kingdom*, Cambridge University Press, 1966を参照。より詳しくは、Mary Hallward-Driemeier and Gaurav Nayyar, *Trouble in the Making? The Future of Manufacturing-Led Development*, World Bank, 2018, pp. 9–37を参照。

8 A.P. Thirlwall, "A Plain Man's Guide to Kaldor's Growth Laws," *Journal of Post-Keynesian Economics*, vol. 5, no. 3, 1983, pp. 345–6を参照。技術フロンティアの消滅という議論については、Gordon, *Rise and Fall of American Growth*〔ゴードン『アメリカ経済』上下巻〕を参照。

9 Adam Szirmai, "Industrialization as an Engine of Growth in Developing Countries, 1950–2005," *Structural Change and Economic Dynamics*,

vol. 23, no. 4, 2012, pp. 406–20を参照。また、Adam Szirmai and Bart Verspagen, "Manufacturing and Economic Growth in Developing Countries, 1950–2005," *Structural Change and Economic Dynamics*, vol. 34, September 2015, pp. 46–59も参照。

10 Robert Scott, "The Manufacturing Footprint and the Importance of US Manufacturing Jobs," Economic Policy Institute Briefing Paper, no.388, January 22, 2015.

11 アメリカ合衆国の製造業総アウトプットの割合はアメリカ合衆国商務省経済分析局(the United States Bureau of Economic Analysis)より。日本については、Statistics Bureau of Japan, *Japan Statistical Yearbook 2020*, Table 3-5: "Gross Domestic Product and Factor Income Classified by Economic Activities (at Current Prices)," p. 100〔総務省統計局『第69回日本統計年鑑 令和2年』統計表3-5「経済活動別国内総生産・要素所得(名目)」〕より。

12 Robert Brenner, "What's Good for Goldman Sachs Is Good for America," in *Economics of Global Turbulence*, Akal, 2009(スペイン語版への序文)を参照。別の立場からの議論については、Robert Skidelsky, *Keynes: The Return of the Master*, Public Affairs, 2009〔ロバート・スキデルスキー『なにがケインズを復活させたのか?——ポスト市場原理主義の経済学』山岡洋一 訳、日本経済新聞出版社、2010年〕を参照。

13 Robert Brenner, *The Boom and the Bubble: The US in the World Economy*, Verso, 2002, pp. 188–217〔ロバート・ブレナー『ブームとバブル——世界経済のなかのアメリカ』石倉雅男・渡辺雅男 訳、こぶし書房、2005年、第8章〕を参照。

14 Rana Foroohar, "US Economy Is Dangerously Dependent on Wall Street Whims," *Financial Times*, March 8, 2020.

15 James Plender, "Why 'Japanfication' Looms for the Sluggish Eurozone," *Financial Times*, March 19, 2009を参照。また、Richard Koo, *The Holy Grail of Macroeconomics: Lessons from Japan's Great Recession*, Wiley, 2008も参照。

16 Brenner, *Economics of Global Turbulence*, pp. 153–7を参照。また、Gary Herrigel, *Manufacturing Possibilities: Creative Action and Industrial Recomposition in the United States, German, and Japan*, Oxford University, Press, 2010も参照。

17 これ以降の分析については、Brenner, *Boom and Bubble*, pp. 48–93〔ブレナー『ブームとバブル』第2章〕を参照。

18 以下を参照。R. Taggart Murphy, *The Weight of the Yen: How Denial Imperils America's Future and Ruins an Alliance,* W.W. Norton, 1996, pp. 165–94〔R・ターガート・マーフィー『日本経済の本当の話』下巻、畑水敏行 訳、毎日新聞社、1996年、第6章〕; Herbert Giersch et al., *The Fading Miracle: Four Decades of Market Economy in Germany,* Cambridge University

Press, 1992, pp. 185–255; Brenner, *Boom and Bubble*, pp. 94–127.〔ブレナー『ブームとバブル』第3章〕

19 Murphy, *Weight of Yen*, pp. 195–218, 239–310〔マーフィー『日本経済の本当の話』下巻、第7章、第9章および第10章〕を参照。また、R. Taggart Murphy, *Japan and the Shackles of the Past*, Oxford University Press, 2014〔R・ターガート・マーフィー『日本呪縛の構図――この国の過去、現在、そして未来』仲達志 訳、早川書房、2015年〕; Perry Anderson, "Situationism *à l'Enverse?*," *New Left Review*, vol. 119, S. 2, September–October 2019, pp. 74–7も参照。

20 Brenner, *Boom and Bubble*, pp. 128–70.〔ブレナー『ブームとバブル』第4～6章〕

21 Brenner, Economics of Global Turbulence, pp. 153–7.

22 工業製品は国際貿易の70%を占め、農業生産物や燃料、鉱物を含む一次産品が25%を占めているのにたいし、サービスは5%に過ぎない。World Trade Organization, *World Trade Statistical Review 2018*, 2018, p. 11を参照。農業における生産過剰については、UN Food and Agriculture Organization, *State of Food and Agriculture 2000*, 2000を参照。

23 2001年から2007年のあいだ、全世界のMVA伸び率は毎年3.5%に上昇した。しかし、2008年から2014年のあいだに1.6%に低下した。先進国と途上国の収斂という議論については、Michael Spence, *The Next Convergence: The Future of Economic Growth in a Multispeed World*, FSG, 2011〔マイケル・スペンス『マルチスピード化する世界の中で――途上国の躍進とグローバル経済の大転換』土方奈美 訳、早川書房、2011年〕を参照。また、Dani Rodrik, "The Future of Economic Convergence," NBER Working Paper, no. 17400, 2011も参照。

24 Conference Board, *Total Economy Database*を参照。また、Richard Freeman, "The Great Doubling: The Challenge of the New Global Labour Market," in J. Edwards et al., eds., *Ending Poverty in America: How to Restore the American Dream*, New Press, 2007も参照。

25 Mike Davis, *Planet of Slums*, Verso, 2006〔マイク・デイヴィス『スラムの惑星――都市貧困のグローバル化』酒井隆史 監訳、明石書店、2010年〕を参照。また、Aaron Benanav, "Demography and Dispossession: Explaining the Growth of the Global Informal Workforce, 1950–2000," *Social Science History*, vol. 43, no. 4, 2019, pp. 679–703も参照。

26 たとえば、1870年から1913年のあいだで、GDPはイギリスで毎年1.9%（2001年から2017年のあいだでは毎年1.6%）上昇し、フランスで毎年1.6%（2001年から2017年のあいだでは毎年1.2%）、ドイツでは毎年2.9%（2001年から2017年のあいだでは毎年1.4%）だった。Stephen Broadberry and Kevin O'Rourke, *The Cambridge Economic History of Modern Europe, vol. 2: 1870 to the Present*, Cambridge University Press, 2010, p. 36を参照。

27 1913年にヨーロッパの全人口の47%は農業で働いていた。前掲書p. 16を参照。

28 Paul Bairoch, "International Industrialization Levels from 1750 to 1980," *Journal of European Economic History*, vol. 11, no. 2, Fall 1982を参照。また、Jeffrey Williamson, *Trade and Poverty: When the Third World Fell Behind*, MIT Press, 2011も参照。

29 たとえば、以下を参照。Alexander Keyssar, *Out of Work: The First Century of Unemployment in Massachusetts,* Cambridge University Press, 1986; Christian Topalov, *Naissance du chômeur, 1880–1919*, Albin Michel, 1994.

30 クリスティン・ロスは、オキュパイ運動に参加した労働者とパリ・コミューンに参加した労働者の経験とを比較し、両者の間に類似性を認めている。Kristin Ross, *Communal Luxury: The Political Imaginary of the Paris Commune*, Verso, 2015, p. 3を参照。

31 Óscar Jordá, Sanjay R. Singh, and Alan M. Taylor, "Longer-run Economic Consequences of Pandemics," NBER Working Paper, no. 26934, 2020.

32 Joseph Schumpeter, *Capitalism, Socialism, and Democracy,* Routledge, 2003, pp. 81–6〔ヨーゼフ・シュンペーター『資本主義・社会主義・民主主義』第2部第7章、中山伊知郎・東畑精一 訳、東洋経済新報社、1995年、127〜134頁〕

33 Andy Stern, *Raising the Floor: How a Universal Basic Income Can Renew Our Economy and Rebuild the American Dream*, Public Affairs, 2016, pp. 7–8を参照。また、Andrew Yang, *The War on Normal People: The Truth about America's Disappearing Jobs and Why Universal Basic Income Is Our Future*, Hachette, 2018, p. 94〔アンドリュー・ヤン『普通の人々の戦い——AIが奪う労働・人道資本主義・ユニバーサルベーシックインカムの未来へ』早川健治 訳、那須里山舎、2020年、169〜171頁〕も参照。

34 たとえば、Ray Kurzweil, *The Singularity Is Near,* Viking, 2005, p. 67〔レイ・カーツワイル『シンギュラリティは近い[エッセンス版]——人類が生命を超越するとき』NHK出版 編、NHK出版、2016年、61〜68頁〕を参照。こうした議論に対する批判については、Gordon, *Rise and Fall of American Growth*, pp. 444–7〔ゴードン『アメリカ経済』下巻、189〜196頁〕を参照。ゴードンは2005年からムーアの法則が崩れていると論じている。Tom Simonite, "Moore's Law is Dead. Now What?," *MIT Technology Review*, May 13, 2016も参照。

35 汎用型AIの開発はこのような水準にまで迫っていないと考えるAI科学者の批判的見解については、Martin Ford, *Architects of Intelligence: The Truth about AI from the People Building It,* Packet Publishing, 2018〔マーティン・フォード『人工知能のアーキテクトたち——AIを築き上げた人々が語るその真実』松尾豊 監訳、オライリー・ジャパン、2020年〕を参照。

36 James Vincent, "Former Facebook Exec Says Social Media Is Ripping

Apart Society," *Verge*, December 11, 2017; Martha Busby, "Social Media Copies Gambling Methods 'to Create Psychological Cravings'," *Guardian*, May 8, 2018.

37 Raniero Panzieri, "The Capitalist Use of Machinery: Marx versus the Objectivists," in Phil Slater, ed., *Outlines of a Critique of Technology*, Humanities Press, 1980; Derek Sayer, *The Violence of Abstraction*, Basil Blackwell, 1987.

38 Nick Dyer-Witheford, *Cyber-proletariat: Global Labour in the Digital Vortex*, Pluto, 2015, pp. 87–93を参照。

39 この点に関する基本的議論は、David Noble, *Forces of Production: A Social History of Industrial Automation*, Knof, 1984を参照。また、次の文献も参照。Tony Smith, *Technology and Capital in the Age of Lean Production: A Marxist Critique of the "New Economy"*, SUNY Press, 2000; Gavin Mueller, *Breaking Things at Work: The Luddites Are Right about Why You Hate Your Job*, Verso, 2020.

40 Ceylan Yeginsu, "If Workers Slack Off, the Wristband Will Know. (And Amazon Has a Patent for It.)," *New York Times*, February 1, 2018; Beth Gutenlius & Nik Theodore, *The Future of Warehouse Work: Technological Change in the US Logistics Industry*, UC Berkeley Center for Labor Research and Education, October 2019.

41 輸入品にたいする強固な関税障壁も農業を支えた。Nick Koning, *The Failure of Agrarian Capitalism: Agricultural Politics in the UK, Germany, the Netherlands, and the USA, 1846–1919*, Routledge, 2002を参照。

42 以下を参照。UN Food and Agricultural Organization, *State of Food and Agriculture 2000*; Marcel Mazoyer & Laurence Roudart, *A History of World Agriculture: From the Neolithic Age to the Current Crisis*, Monthly Review, 2006, pp. 375–440.

43 統計については、Groningen Growth and Development Centre, *10-Sector Database*, updated January 2015を参照。1980年代の世界の農業労働人口については、David Grigg, "Agriculture in the World Economy: An Historical Geography of Decline," *Geography*, vol. 77, no. 3, 1992, p. 221を参照。2018年については、ILO, *World Employment and Social Outlook – Trends 2019*, 2019, p. 14を参照。

44 以下を参照。Martin Ford, *Rise of the Robots: Technology and the Threats of a Jobless Future*, Basic Books, 2015, pp. 181–91〔マーティン・フォード『ロボットの脅威——人の仕事がなくなる日』日本経済新聞出版社、2018年、266〜279頁〕; Stern, *Raising the Floor*, pp. 69–70. また、Conor Dougheryu, "Self-Driving Trucks May Be Closer Than They Appear," *New York Times*, November 13, 2017も参照。ロバート・ゴードンは常にこうした誇大広告に懐疑的である。Gordon, *Rise and Fall of American Growth*, p.

599ff〔ゴードン『アメリカ経済』下巻、427頁以降〕を参照。

45 世界的にみて雇用数は多くはないが、鉱業は生産の広範な自動化を初めて展開した業種である。オーストラリア西部のリオ・ティント社の事業について、William Wilkes, "How the World's Biggest Companies are Fine-Tuning the Robot Revolution," *Wall Street Journal*, May 14, 2018を参照。

46 以下を参照。Ellen Israle Rosen, *Making Sweatshops: The Globalization of the US Apparel Industry*, University of California Press, 2002; Jefferson Cowie, *Capital Moves: RCA's Seventy-Year Quest for Cheap Labour*, New Press, 1999.

47 Phil Neel, "Swoosh," *Ultra*, November 8, 2015, ultra-com.orgから入手可能; Anna Nicolaou & Kiran Stacey, "Stitched up by Robots," *Financial Times*, July 19, 2017; Jennifer Bissell-Linsk, "Robotics in the Running," *Financial Times*, October 23, 2017; Jon Emont, "The Robots Are Coming for Garment Workers. That's Good for the US, Bad for Poor Countries," *Wall Street Journal*, February 16, 2018; Kevin Sneader & Jonathan Woetzel, "China's Impeding Robot Revolution," *Wall Street Journal*, August 3, 2016; Saheli Roy Choudhury, "China Wants to Build Robots to Overtake Its Rivals—But It's Not There Yet," CNBC, August 16, 2018; Brahima Coulinaly, "Africa's Race against the Machines," *Project Syndicate*, June 16, 2017; AFP, "Tech to Cost Southeast Asia Millions of Jobs, Doom 'Factory Model,' Warns WEF," *AFP International Text Wire*, September 12, 2018.

48 Hallaward-Driemeier & Nayyar, *Trouble in the Making?*, pp. 93–6. クラウドベースの電算処理が自社のウェブサイトやオンラインデータベースを作成管理する必要をなくすことで、IT業界やコールセンター業界の雇用もグローバルな規模で縮小していくだろう。すでにインドのIT大手では雇用削減が進んでいる。Simon Mundy, "India's Tech Workers Scramble for Jobs as Industry Automates," *Financial Times*, May 27, 2017を参照。

49 Nathaniel Meyersohn, "Grocery Stores Turn to Robots during the Coronavirus," *CNN Business*, April 7, 2020. John Reed, Mercedes Ruehl, and Benjamin Parkin, "Coronavirus: will call centre workers lose their 'voice' to AI?," *Financial Times*, April 22, 2020も参照。

4 労働需要の低迷

1 Wassily Leontief, "Technological Advance, Economic Growth and the Distribution of Income," *Population and Development Review*, vol. 9, no. 3, 1983, p. 409; Erik Brynjolfsson & Andrew McAfee, *The Second Machine Age: Work, Progress, and Prosperity in a Time of Brilliant Technologies*, W.W. Norton, 2014, p. 179.〔エリック・ブリニョルフソン／アンドリュー・マ

カフィー『ザ・セカンド・マシン・エイジ』村井章子 訳、日経BP、2015年、290頁）ニック・ダイアー・ワイスフォードは「もはやデジタル資本に必要とされなくなった失業人口の深いため池」について語り（Nick Dyer-Witheford, *Cyber-Proletariat: Global Labour in the Digital Vortex*, Pluto, 2015, p. 3）、アンドリュー・ヤンは「永久失業者」の増大について言及している（Andrew Yang, *The War on Normal People: The Truth about America's Disappearing Jobs and Why Universal Basic Income Is Our Future*, Hachette, 2018, p. xli〔アンドリュー・ヤン『普通の人々の戦い――AIが奪う労働・人道資本主義・ユニバーサルベーシックインカムの未来へ』早川健治 訳、那須里山舎、2020年、14頁〕）。

2 SF小説家アーサー・C・クラークによれば、「未来の目標は完全失業です。そうすれば、私たちは遊ぶことができます。これこそが、私たちが現在の政治経済システムを破壊しなければならない理由なのです」。"Free Press Interview: A.C. Clarke," *Los Angeles Free Press*, April 25, 1969. Brynjolfsson & McAfee, *Second Machine Age*, pp. 180–1〔ブリニョルフソン／マカフィー『ザ・セカンド・マシン・エイジ』291～294頁〕およびMartin Ford, *Rise of the Robots: Technology and the Threat of a Jobless Future*, Basic Books, 2015, pp. 194–6〔マーティン・フォード『ロボットの脅威――人の仕事がなくなる日』日本経済新聞出版社、2018年、282～285頁〕も参照。

3 失業率に労働市場の状況を診断する上で限界があることについては、David Blanchflower, *Not Working: Where Have All the Good Jobs Gone?*, Princeton University Press, 2019を参照。経済学のカテゴリーとしての失業の誕生については、Michael Piore, "Historical Perspectives and the Interpretation of Unemployment," *Journal of Economic Literature*, vol. 25, no. 4, 1987を参照。

4 Yang, *War on Normal People*, p. 80〔ヤン『普通の人々の戦い』147頁〕; Laura Tyson, "Labour Markets in the Age of Automation," *Project Syndicate*, June 7, 2017.

5 福祉国家体制の国々が失業率の上昇にどのように対応したかについては、Gøsta Esping-Andersen, *Social Foundations of Postindustrial Economies*, Oxford University Press, 1999〔G・エスピン - アンデルセン『ポスト工業経済の社会的基盤――市場・福祉国家・家族の政治経済学』渡辺雅男・渡辺景子 訳、桜井書店、2000年〕; Kathleen Thelen, *Varieties of Liberalization and the New Politics of Social Solidarity*, Cambridge University Press, 2014; Lucio Baccaro & Chris Howell, *Trajectories of Neoliberal Transformation: European Industrial Relations since the 1970s*, Cambridge University Press, 2017などを参照。また、J. Timo Weishaupt, *From the Manpower Revolution to the Activation Paradigm: Explaining Institutional Continuity and Change in an Integrating Europe*, University of Amsterdam Press, 2011も参照。

6 この流れに対する例外はフランス、スペイン、オーストリア、そしてイタリア

であり、これらの国では失業者の収入を支えるために多くの資金が費やされ、失業率は高い水準を維持した。

7 OECD, *Measuring the Digital Transformation: A Roadmap for the Future*, 2019, p. 175. スウェーデンでは戦後のこれより前の時期から労働市場政策が行われており、その数十年後に他国が参照するモデルとなった。

8 Karl Marx, *Capital: A Critique of Political Economy*, vol. 1, Penguin Classics, 1976 [1867], pp. 796 and 798.〔カール・マルクス『資本論』第1巻第3分冊、岡崎次郎 訳、大月書店、1972年、237～238、240頁〕マルクスの相対的過剰人口の概念を現代に適用することについての詳しい議論は、Aaron Benanav & John Clegg, "Crisis and Immiseration: Critical Theory Today," in Beverley Best, Werner Bonefeld, and Chris O'Kane, eds., *SAGE Handbook of Frankfurt School Critical Theory*, Sage, 2018, 1629–48〔アーロン・ベナナフ／ジョン・クレッグ「恐慌と窮乏化――批判理論の現在」竹田真登 訳『マルクス研究会年誌 第5号』2022年〕およびEndnotes & Aaron Benanav, "Misery and Debt," *Endnotes*, no. 2, 2010; Endnotes, "An Identical-Abject Subject," *Endnotes*, no. 4, 2015を参照。

9 先進資本主義諸国の諸制度に関する比較分析については、Arne Kalleberg, *Precarious Lives: Job Insecurity and Well-Being in Rich Democracies*, Polity, 2018を参照。

10 Josh Bivens & Lawrence Mishel, "Understanding the Historic Divergence between Productivity and a Typical Worker's Pay," EPI Briefing Paper, no. 406, September 2015.

11 以下を参照。Paul Beaudry et al., "The Great Reversal in the Demand for Skill and Cognitive Tasks," NBER Working Paper, no. 18901, 2013; Elise Gould, "Higher Returns on Education Can't Explain Growing Wage Inequality," *Working Politics* (blog), Economics Policy Institute, March 15, 2019; Lawrence Mishel et al., "Wage Stagnation in Nine Charts," EPI Report, January 6, 2015. 経済的格差拡大の要因をスキルに偏向して技術進歩に求める議論に対する徹底した批判については、John Schmitt, Heidi Shierholz, and Lawrence Mishel, "Don't Blame the Robots: Assessing the Job Polarization Explanation of Growing Wage Inequality," EPI-CEPR Working Paper, 2013を参照。

12 オートメーション論者の議論に対する疑義を踏まえて近年の技術進歩の法的背景を分析している研究として、Brishen Rogers, "The Law and Political Economy of Workplace Technological Change," *Harvard Civil Rights-Civil Liberties Law Review*, vol. 55, 2020を参照。また、Nick Srnicek, *Platform Capitalism*, Polity, 2016も参照。

13 Bureau of Labor Statistics, *Contingent and Alternative Employment Relations*, May 2017.

14 重要な例外はスウェーデンと戦後直後のイギリスであり、労働市場制度が社

会民主主義政権と労働党政権によって設計された。Gøsta Esping-Andersen, *The Three Worlds of Welfare Capitalism*, Princeton University Press, 1990〔イエスタ・エスピン＝アンデルセン『福祉資本主義の3つの世界――比較福祉国家の理論と動態』岡沢憲芙・宮本太郎 訳、ミネルヴァ書房、2001年〕を参照。

15 OECD, *Indicators of Employment Protection*, last updated 2014. ここで示されているデータは、労働者を解雇するにあたって必要となる手続きと費用を集計したものである。

16 Esping-Andersen, *Social Foundations*, pp. 107–11.〔エスピン‐アンデルセン『ポスト工業経済の社会的基礎』160～165頁〕ヨーロッパ福祉国家のインサイダーとアウトサイダーの区別をめぐる評価については、Patrick Emmenegger et al., *The Age of Dualization: The Changing Face of Inequality in Deindustrializing Societies*, Oxford University Press, 2012を参照。

17 ドイツにおける労働市場の状態悪化の分析については、Oliver Nachtwey, *Germany's Hidden Crisis: Social Dcline in the Heart of Europe*, Verso, 2018, pp. 103–61を参照。

18 ILO, *Non-Standard Employment around the World*, 2016を参照。また、Paolo Barbieri & Giorgio Cutuli, "Employment Protection Legislation, Labour Market Dualism, and Inequality in Europe," *European Sociological Review*, vol. 32, no. 4, 2016, pp. 501–16も参照。

19 Brett Neilson and Ned Rossiter, "Precarity as a Political Concept, or, Fordism as Exception," *Theory, Culture, and Society*, vol. 25, nos. 7–8, 2008を参照。

20 以下を参照。Bruno Palier and Kathleen Thelen, "Institutionalizing Dualism: Complementarities and Change in France and Germany," *Politics and Society*, vol. 38, no. 1, 2010; David Rueda, "Dualization, Crisis, and the Welfare State," *Socio-Economic Review*, vol. 12, no. 2, 2014.

21 OECD, *In It Together: Why Less Inequality Benefits All*, 2015, p. 144. Shiho Futagami, "Non-Standard Employment in Japan: Gender Dimensions," International Institute for Labour Studies Discussion Paper, DP/200/2010, 2010, p. 29も参照。また、Kalleberg, *Precarious Lives*, pp. 73–107も参照。

22 OECD, *Economic Outlook*, 2018, p. 54.

23 Arson Benanav, "The Origins of Informality: The ILO at the Limit of the Concept of Unemployment," *Journal of Global History*, vol. 14, no. 1, 2019, pp. 107–25を参照。

24 Jacques Charmes, "The Informal Economy Worldwide: Trends and Characteristics," *Margin: The Journal of Applied Economic Research*, vol. 6, no. 2, 2012, pp. 103–32. Aaron Benanav, "Demography and

Dispossession: Explaining the Growth of the Global Informal Workforce, 1950–2000," *Social Science History*, vol. 43, no. 4, 2019も参照。

25 Jan Breman and Marcel van der Linden, "Informalizing the Economy: The Return of the Social Question at Global Level," *Development and Change*, vol. 45, no. 5, 2014.

26 Pun Ngai, *Migrant Labor in China: Post-socialist Transformations*, Polity, 2016を参照。

27 サハラ以南のアフリカでは、失業手当を受給できる労働者の割合は高所得国の76%にたいしてたった3%に過ぎない。ILO, *World Employment Social Outlook: The Changing Nature of Jobs*, 2015, p. 80.

28 ILO統計の*Key Indicators*および*Women and Men in the Informal Economy: A Statistical Picture*, 3rd ed., 2018, p. 23を参照。

29 ILO, *World Employment Social Outlook*, p. 31.

30 Ronaldo Munck, "The Precariat: A View from the South," *Third World Quarterly*, vol. 34, no. 5, 2013を参照。

31 オートメーション論者の中には半失業が現代経済の一般的特徴であることを認識している者もいるが、それをうまく説明することができず、技術進歩というわかりやすい変化の方に注目してしまうのである。たとえば、Andy Stern, *Raising the Floor: How a Universal Basic Income Can Renew Our Economy and Rebuild the American Dream*, Public Affairs, 2016, p. 185およびYang, *War on Normal People*, pp. 79–80〔ヤン『普通の人々の戦い』146～148頁〕を参照。

32 アンドリュー・ニコル監督・脚本の映画『TIME/ タイム』(2011年、原題：*In Time*)の大まかな筋書きはこれである。アルフォンソ・キュアロン監督の映画『トゥモロー・ワールド』(2006年、原題：*Children of Men*)やニール・ブロムカンプ監督の映画『第9地区』(2009年、原題：*District 9*)と『エリジウム』(2013年、原題：*Elysium*)、そしてペドロ・アギレラ製作のブラジルのテレビドラマ『3%』(2016年)も参照。

33 ILO, *Key Indicators*. この17%のうち、かなりの部分は自宅や軒裏の工房、小規模な鋳物工場でレンガやタバコ、錠前、靴などを製造する家内工業であり、インフォーマルな雇用である。

34 ILO, *Key Indicators*によれば、サービス業労働者は2020年の世界労働人口の大部分を占めるまでになった。

35 Daniel Bell, *The Coming of Post-Industrial Society*, Basic Books, 1973〔ダニエル・ベル『脱工業社会の到来――社会予測の一つの試み』上下巻、内田忠夫 訳、ダイヤモンド社、1975年〕

36 William Baumol, "Macroeconomics of Unbalanced Growth: The Anatomy of Urban Crisis," *American Economic Review*, vol. 57, no. 3, June 1967, pp. 415–26およびBaumol et al., *Productivity and American Leadership: The Long View*, MIT Press, 1989を参照。

37 William Baumol et al., “Unbalanced Growth Revisited: Asymptomatic Stagnancy and New Evidence,” *American Economic Review*, vol. 75, no. 4, 1985, p. 806.

38 これと同様の分析については、Servaas Storm, “The New Normal: Demand, Secular Stagnation, and the Vanishing Middle-Class,” *International Journal of Political Economy*, vol. 46, no. 4, 2017, pp. 169–210を参照。ただし、ストームは活発な経済部門で雇用削減が起こる原因を国際的な生産力の過剰にではなくオートメーション化に求めている。

39 Jonathan Gershuny and I.D. Miles, *The New Service Economy*, Praeger, 1983, p. 22.〔J・ガーシュニィ／I・マイルズ『現代のサービス経済』阿部真也 監訳、ミネルヴァ書房、1987年、28頁〕Jonathan Gershuny, *After Industrial Society? The Emerging Self-Service Economy*, Macmillan, 1978, pp. 56–7も参照。

40 Baumol et al., “Unbalanced Growth Revisited” を参照。アメリカ合衆国の貿易業や運送業などのサービス業下位部門では2000年以降、生産性が急速に上昇している。しかし、これらの部門における技術革新は、工業化の長い歴史において製造業に特有のものであった持続的で全般的な生産性上昇を生み出すには至っていない。ボーモル曰く、倉庫管理などのサービス業は「漸近的停滞」部門の典型である。こうした産業は各部分に分解することができ、工業化によって効率を上げることができる部分もあれば、（倉庫への商品の収納や仕分けのように）できない部分もある。やがて前者の作業が効率を上げていくと、後者のみが雇用を生むようになる。このような漸近的停滞はサービス業の一般的特徴であるが、被服縫製業や電子部品組み立て業のような労働集約的産業においても生じる。後者はこれまで製造業における雇用を世界規模で生み出してきた産業であり、今やオートメーション化の脅威にさらされている。

41 ボーモルによれば、サービスが高額になったよう見えるのは実際には工業製品価格の低下のためである。相対価格の変化は労働生産性伸び率の変動によって生じるという発想は、労働価値説の元になったものである。Adam Smith, *Wealth of Nations*, David Campbell Publishers, 2000 [1976], pp. 73–4〔アダム・スミス『国富論』水田洋 監訳、岩波書店、2000年、118～119頁〕を参照。

42 同様の説明については、Torben Iversen & Anne Wren, “Equality, Employment, and Budgetary Restraint: The Trilemma of the Service Economy,” *World Politics*, vol. 50, no. 4, 1998を参照。また、Storm, “The New Normal”も参照。

43 OECD, *Employment Outlook*, 1987, pp. 10–11.

44 David Autor and Anna Salomons, “Is Automation Labour-Displacing? Productivity Growth, Employment, and the Labour Share,” *Brookings Papers on Economic Activity*, 2018, pp. 2–3.

45 ILO and OECD, “The Labour Share in the G20 Economies,” report

prepared for the G20 Employment Working Group, February 2015, p. 3; IMF, *World Economic Outlook*, 2017, p. 3. Loukas Karabarbounis & Brent Neiman, "The Global Decline of the Labour Share," *Quarterly Journal of Economics*, vol. 129, no. 1, 2014も参照。

46 Andrew Sharpe & James Uguccioni, "Decomposing the Productivity-Wage Nexus in Selected OECD Countries, 1986–2013," in *International Productivity Monitor*, no. 32, 2017, p. 31.

47 給与所得者の最上位者と比べた資産保有者の最上位1%が雇用できる使用人の数については、Thomas Piketty, *Capital in the Twenty-First Century*, Harvard University Press, 2014, pp. 407–9〔トマ・ピケティ『21世紀の資本』山形浩生・守岡桜・森本正史 訳、みすず書房、2014年、422～424頁〕を参照。

48 Ford, *Rise of the Robots*, p. 219〔フォード『ロボットの脅威』314頁〕; Mike Davis, *Planet of Slums*, Verso, 2006, p. 199.〔マイク・デイヴィス『スラムの惑星――都市貧困のグローバル化』酒井隆史 監訳、明石書店、2010年、303頁〕

49 下位50%の最貧層は収入の大きな部分を高額な都市生活費に食われているが、その実態を明らかにすることは極めて困難である。都市化は今日までに39%から54%に進展している。

50 Facundo Alvaredo et al., *World Inequality Report 2018*, Harvard University Press, 2018, p. 52.

51 この世界的現象の分析については、United Nations, *Human Development Report 2019: Beyond Income, beyond Average, beyond Today: Inequalities in Human Development in the 21st Century*, 2019を参照。

52 Kallenberg, *Precarious Lives*, pp. 130–49およびBlanchflower, *Not Working*, pp. 212–37を参照。

53 OECD, *Employment Outlook*, 2019, p. 29.

54 Marcel van der Linden, "The Crisis of World Labor," *Solidarity*, no. 176, May–June 2015.

---

5 銀の弾丸？

1 このように考えるのは右派だけではない。Jamie Merchant, "Fantasies of Secession: A Critique of Left Economic Nationalism," *Brooklyn Rail*, February 2018.

2 とりわけ以下を参照。Darrell West, *The Future of Work: Robots, AI, and Automation*, Brookings Institution Press, 2018, p. 139; Andrew Yang, *The War on Normal People: The Truth about America's Disappearing Jobs and Why Universal Basic Income Is Our Future*, Hachette, 2018, pp. 150–61, 75–7〔アンドリュー・ヤン『普通の人々の戦い――AIが奪う労働・人道

資本主義・ユニバーサルベーシックインカムの未来へ』早川健治 訳、那須里山舎、2020年、255〜272、140〜144頁〕; Eduardo Porter, "Is the Populist Revolt Over? Not If Robots Have Their Way," *New York Times*, January 30, 2018; and Martin Ford, *Rise of the Robots: Technology and the Threat of a Jobless Future*, Basic Books, 2015, pp. 249–52.〔マーティン・フォード『ロボットの脅威――人の仕事がなくなる日』、松本剛史 訳、日本経済新聞出版、2015年、301〜305頁〕

3 1945年から2015年の各国の政府債務の対GDP比の統計は世界通貨基金「公的債務データベース」から、2015年から2018年は「グローバル債務データベース、一般公的債務」から。

4 以下を参照。Andrew Glyn, "Social Democracy and Full Employment," Wissenschaftszentrum Berlin für Sozialforschung Discussion Paper, no. FS I 95-302, 1995, p. 10.

5 以下を参照。Robert Brenner, "What's Good for Goldman Sachs Is Good for America," 著書*Economics of Global Turbulence*, Akal, 2009のスペイン語版序文; Wolfgang Streeck, "How Will Capitalism End?," *New Left Review*, no. 87, S2, May–June 2014.〔ヴォルフガング・シュトレーク「資本主義はどう終わるのか？」『資本主義はどう終わるのか？』村澤真保呂・信友建志 訳、河出書房新社、2017年〕

6 John Plender, "The Seeds of the Next Debt Crisis," *Financial Times*, March 3, 2020において引用されていたEmre Tiftik et al., "Global Debt Monitor: Sustainability Matters," Institute of International Finance, January 13, 2020.

7 経済成長率の統計は世界銀行「*World Development Indicators*（世界開発指数）」（最終更新は2020年4月）に依拠している。

8 Dan McCrum, "Lex in Depth: The Case against Share Buybacks," *Financial Times*, January 29, 2019.

9 John Maynard Keynes, "Economic Possibilities for Our Grandchildren (1930)," in *Essays in Persuasion*, Harcourt Brace, 1932〔ジョン・メイナード・ケインズ「わが孫たちの経済的可能性」『ケインズ全集』第9巻、宮崎義一訳、東洋経済新報社、1981年、387〜400頁〕; *The General Theory of Employment, Interest, and Money*, Harcourt, 1964 [1936], pp. 320–6; 374–7.〔ケインズ『雇用・利子および貨幣の一般理論』塩野谷祐一 訳、東洋経済新報社、1995年、320〜326、377〜380頁〕以下を参照。Geoff Mann, *In the Long Run We Are All Dead: Keynesianism, Political Economy, and Revolution*, Verso, 2017.

10 Keynes, *General Theory*, 376.〔ケインズ『雇用・利子および貨幣の一般理論』378〜379頁〕以下も参照。Alvin Hansen, "Economic Progress and Declining Population Growth," *American Economic Review*, vol. 29, no. 1, 1939. これらの主張の人口動態的側面の分析は以下を参照。Melinda Cooper,

"Secular Stagnation: Fear of a Non-Reproductive Future," *Postmodern Culture*, vol. 27, no. 1, 2016.

11 Larry Summers, "Demand Side Secular Stagnation," *American Economic Review*, vol. 105, no. 5, 2015, p. 64.

12 Keynes, *General Theory*, p. 324.〔ケインズ『雇用・利子および貨幣の一般理論』323～324頁〕

13 Keynes, "Economic Possibilities," pp. 368–9.〔ケインズ「わが孫たちの経済的可能性」『ケインズ全集』第9巻、宮崎義一 訳、東洋経済新報社、1981年、325頁〕

14 Lorenzo Pecchi and Gustavo Piga, *Revisiting Keynes' Economic Possibilities for our Grandchildren*, MIT Press, 2008. また以下を参照。Mike Beggs, "Keynes's Jetpack," *Jacobin*, April 17, 2012; Robert Chernomas, "Keynes on Post-Scarcity Society," *Journal of Economic Issues*, vol. 18, no. 4, 1984; James Crotty, *Keynes against Capitalism*, Taylor & Francis, 2019.

15 ロビンソンは「似非ケインジアン」にたいして、ケインズが掲げた優先順位を反転させて、ケインズの名を借りて「資本主義が豊かさと相容れないのであれば、資本主義を継続させるために豊かさが犠牲にならなければいけない」などという馬鹿げた主張していると批判した。以下を参照。Joan Robinson, "What Has Become of the Keynesian Revolution?," *Challenge*, vol. 6, no. 16, 1974, p. 11.〔J・ロビンソン『資本理論とケインズ経済学』山田克己 訳、日本経済評論社、1988年、64～65頁〕

16 William Beveridge, *Full Employment in a Free Society*, George Allen & Unwin, 1944, p. 31, 101, 159, 273.〔ウィリアム・H・ベヴァリッヂ『自由社会における完全雇用』上下巻、井手生 訳、日本大学経済科学研究所、1953年、63～64、167～168、258～259頁、下巻134～135頁〕を参照。同様に、国際連盟の最終報告書は「十分な所得を得られないなかで生じる望まない余暇という悪夢の記憶に縛られて、基本的な物質的必要性がすでに満たされているなかで望まれる余暇の重要性を無視してはならない」と述べている。League of Nations, *Economic Stability in the Post-War World: The Conditions of Prosperity after the Transition from War to Peace*, 1945, pp. 228–9を参照。

17 以下を参照。Robert Pollin, *Greening the Global Economy*, MIT Press, 2015; Ann Pettifor, *The Case for a Green New Deal*, Verso, 2019; そして Kate Aronoff et. al., *A Planet to Win: The Case for the Green New Deal*, Verso, 2019. 批判については以下を参照。Geoff Mann and Joel Wainwright, *Climate Leviathan: A Political Theory of Our Planetary Future*, Verso, 2018, pp. 99–128; Troy Vetesse, "To Freeze the Thames," *New Left Review*, no. 111, S2, May–June 2018; Jason Hickel, "Degrowth: A Theory of Radical Abundance," *Real World Economics Review*, no. 87, 2019, pp. 54–68; および Nicholas Beuret, "A Green New Deal between Whom and for What?," *Viewpoint*, October 24, 2019.

18 以下を参照。Nixon Apple, "The Rise and Fall of Full Employment Capitalism," *Studies in Political Economy*, vol. 4, no. 1, 1980.

19 古典的議論については、Michal Kalecki, "Political Aspects of Full Employment," *Political Quarterly*, vol. 14, no. 4, 1943〔M・カレツキ「完全雇用の政治的側面」『資本主義経済の動態理論』浅田統一郎・間宮陽介 訳、日本経済評論社、1984年〕を参照。カレツキは資本家が完全雇用そのものに反対すると考えた点で間違っていた。完全雇用が輸出主導型の急速な成長のなかで民間投資によって達成されるのであれば、資本家はそれでもよかったのだ。Jonathan Levy, "Capital as Process and the History of Capital," *Business History Review*, vol. 91, special issue 3, 2017も参照。

20 以下を参照。James Crotty, "Post-Keynesian Economic Theory: An Overview and Evaluation," *American Economic Review*, vol. 70, no. 2, 1980, p. 25;およびAdam Przeworski, "Social Democracy as Historical Phenomenon," *New Left Review*, no. 122, S1, July– August 1980, pp. 56–8.

21 Oskar Lange and Fred M. Taylor, *On the Economic Theory of Socialism*, University of Minnesota Press, 1938, pp. 119–120.〔ランゲ／テーラー『計画経済理論——社会主義の経済学説』土屋清 訳、社会思想研究会出版部、1951年、139～141頁〕ランゲは「失業問題を解決する」ための「労働計画」を提示することができれば社会主義者は政治的優位に立てると主張した。しかしながら、同時に「企業や銀行の持つ圧倒的な経済力が今のままであれば、計画を行う公的機関を支配するのは彼らであり、その逆ではない」と警告している。pp. 119〔139頁〕, 127–129〔152～155頁〕を参照。

22 この箇所に対する有益なコメントを与えてくれたロバート・ブレナーに感謝する。

23 以下を参照。Philippe van Parijs and Yannick Vanderborght, *Basic Income: A Radical Proposal for a Free Society and a Sane Economy*, Harvard University Press, 2017, p. 8; Guy Standing, *Basic Income: A Guide for the Open-Minded*, Yale University Press, 2017.〔ガイ・スタンディング『ベーシックインカムへの道——正義・自由・安全の社会インフラを実現させるには』池村千秋 訳、プレジデント社、2018年〕この提案は以下でも展開されている。Erik Brynjolfsson and Andrew McAfee, *The Second Machine Age: Work, Progress, and Prosperity in a Time of Brilliant Technologies*, W.W. Norton, 2014, pp. 232–41〔エリック・ブリニョルフソン／アンドリュー・マカフィー『ザ・セカンド・マシン・エイジ』村井章子 訳、日経BP、2015年、370～382頁〕; Ford, *Rise of the Robots*, pp. 257–9〔フォード『ロボットの脅威』310～313頁〕; Stern, Raising the Floor, pp. 171–222; and Yang, *War on Normal People*, pp. 165–74.〔ヤン『普通の人々の戦い』274～289頁〕

24 Ishaan Tharoor, "The pandemic strengthens the case for universal basic income," *Washington Post*, April 9, 2020; Sam Meredith, "The coronavirus crisis could pave the way to universal basic income," *CNBC*, April 16,

2020; Craig Paton, "Coronavirus in Scotland: Nicola Sturgeon eyes plans for universal basic income," *The Times*, May 5, 2020.

25 James Ferguson, *Give a Man a Fish: Reflections on the New Politics of Distribution*, Duke University Press, 2015を参照。

26 ヴァン・パリースとヴァンダーボートは今後改善されるべき第一案として、驚くほど排他的なベーシックインカムを提唱した。前掲書pp. 220–4. を参照。

27 この点は以下で言及されている。Nick Dyer-Witheford, *Cyber-Proletariat: Global Labour in the Digital Vortex*, Pluto, 2015, pp. 185–6; Nick Srnicek and Alex Williams, *Inventing the Future: Postcapitalism and a World without Work*, Verso, 2015, p. 127; Annie Lowrey, *Give People Money: How UBI Would End Poverty, Revolutionize Work, and Remake the World*, Crown, 2018, p. 130.

28 トマス・ペインの*Agrarian Justice* (1797)に関しては、Van Parijs and Vanderborght, *Basic Income*, pp. 70–2を参照。

29 Milton Friedman, *Capitalism and Freedom*, University of Chicago Press, 1962, pp. 191–5〔ミルトン・フリードマン『資本主義と自由』村井章子 訳、日経BP、2008年、343～354頁〕; Friedrich Hayek, *Law, Legislation, and Liberty*, vol. 3, University of Chicago Press, 1979, pp. 54–5.〔ハイエク『法と立法と自由　III』渡部茂 訳、春秋社、2008年、80～83頁〕

30 1つの教義としてのネオリベラリズムの目的は市場を構築することであり、市場を自由にすることではない。以下を参照。Pierre Dardot and Christian Laval, *The New Way of the World: On Neoliberal Society*, Verso, 2013; Quinn Slobodian, *Globalists: The End of Empire and the Birth of Neoliberalism*, Harvard University Press, 2018.

31 Charles Murray, *In Our Hands: A Plan to Replace the Welfare State*, AEI, 2016, pp. 11–15; *Coming Apart*, Crown, 2012. マレーの議論の発展については次を参照。Quinn Slobodian and Stuart Schrader, "The White Man, Unburdened," *Baffler*, no. 40, July 2018. あまりに多くの普遍的ベーシックインカム支持者がマレーの著書に影響を受けている事実は衝撃的である。次も参照。Brynjolfsson and McAfee, *Second Machine Age*, pp. 234–7〔ブリニョルフソン／マカフィー『ザ・セカンド・マシン・エイジ』372～379頁〕; Ford, *Rise of the Robots*, pp. 262–3〔フォード『ロボットの脅威』316～317頁〕; West, *Future of Work*, pp. 99–100; and Lowrey, *Give People Money*, pp. 128–30. アンディ・スターンはマレーとマーティン・ルーサー・キングの架空のやり取りにナレーションを加えている。*Raising the Floor*, pp. 202–3。

32 Murray, *In Our Hands*, p. xi. また以下も参照。van Parijs and Vanderborght, *Basic Income*, p. 5, Lowrey, Give People Money, pp. 25–6.

33 Murray, *In Our Hands*, pp. 60–8, 81–90.

34 Murray, *In Our Hands*, p. 7. 十分な所得と平等な所得をめぐる議論の間の違いについての鋭い分析として以下を参照。Samuel Moyn, *Not Enough: Hu-*

man Rights in an Unequal World, Harvard University Press, 2018.

35 van Parijs and Vanderborght, *Basic Income*, p. 214.

36 以下を参照。前掲書pp. 127–8; Erik Olin Wright, *How to be an Anti-Capitalist in the 21st Century*, Verso, 2019, pp. 74–5; また Srnicek and Williams, *Inventing the Future*, pp. 117–23. この議論のより初期の影響力を持ったものについては以下を参照。Stanley Aronowitz et al., "The Post-work Manifesto," in Stanley Aronowitz and Jonathan Cutler, eds., *Post-work: The Wages of Cybernation*, Routledge, 1998.

37 Van Parijs and Vanderborght, *Basic Income*, pp. 11–12, 214, 220–4, 127–8. を参照。自発的組織や官僚制批判に関する議論は評議会共産主義やアナルコサンディカリズムの政治にもみられる。Immanuel Ness and Dario Azzellini, *Ours to Master and to Own: Workers' Control from the Commune to the Present*, Haymarket, 2011を参照。

38 Srnicek and Williams, *Inventing the Future*, pp. 107–27.

39 前掲書pp. 117–23. また以下も参照。Robert J. van der Veen and Philippe van Parijs, "A Capitalist Road to Communism," *Theory and Society*, vol. 15, no. 5, 1986; およびPeter Frase, *Four Futures: Life after Capitalism*, Verso, 2016, pp. 54–8.

40 Keynes, "Economic Possibilities," pp. 366–7（ケインズ「わが孫たちの経済的可能性」『ケインズ全集』第9巻、宮崎義一 訳、東洋経済新報社、1981年、393〜395頁）; West, *Future of Work*, pp. 83–8. また、Manu Saadia, *Trekonomics: The Economics of Star Trek*, Inkshares, 2016; およびイアン・M・バンクスの『カルチャー』シリーズを参照。「完全自動のラグジュアリーコミュニズム」のミームが人気を博しているという実態はこのビジョンがいかに魅力的に写っているかを物語っている。

41 Alyssa Battistoni, "Alive in the Sunshine," *Jacobin*, January 12, 2014; van Parijs and Vanderborght, Basic Income, pp. 227–30.

42 以下を参照。Elizabeth Anderson, *Private Government: How Employers Rule Our Lives (and Why We Don't Talk about It)*, Princeton University Press, 2017.

43 Katherine Hobson, "Feeling Lonely? Too Much Time on Social Media May Be Why," NPR, March 6, 2017. また以下を参照。Brian Primack et al., "Social Media Use and Perceived Social Isolation among Young Adults in the US," *American Journal of Preventative Medicine*, vol. 53, no. 1, 2017.

44 以下を参照。Sareeta Amrute, "Automation Won't Keep Front-Line Workers Safe," *Slate*, April 9, 2020.

45 他方、オートメーション論者は資本家から投資にかんする決定権を奪うことを考えることすらできていない。それは彼らの提唱するプログラムがデジタル技術への民間投資に依存すると考えているからだ。

46 Karl Marx, "Economic and Philosophical Manuscripts (1844)" in Karl

Marx, *Early Writings*, Penguin Classics, 1992, p. 327.〔カール・マルクス『経済学・哲学草稿』城塚登・田中吉六 訳、岩波書店、1964年、172～173頁〕

47 以下を参照。Bertram Silverman, "The Rise and Fall of the Swedish Model: Interview with Rudolf Meidner," *Challenge*, vol. 41, no. 1, 1998.

48 第一次世界大戦後のドイツとイタリアおよび戦間期のフランスにおける労働者政党と労働組合が、鉄が熱いうちにストライキをしなかったことについては以下を参照。Geoff Eley, *Forging Democracy: The History of the Left in Europe, 1850–2000*, Oxford University Press, 2002, esp. Chs. 10 and 17.

---

6 必要性と自由

1 Bertolt Brecht, "To Those Born After," in *The Collected Poems of Bertolt Brecht*, Liveright 2018, p. 736.

2 現存する福祉国家の限界については、その最大の擁護者の1人による議論を参照。Gøsta Esping-Andersen, *The Three Worlds of Welfare Capitalism*, Princeton University Press, 1990, pp. 9–34.〔G・エスピン - アンデルセン『福祉資本主義の3つの世界――比較福祉国家の理論と動態』岡沢憲芙・宮本太郎 監訳、ミネルヴァ書房、2001年、8～38頁〕

3 このスローガンはSrnicek and Williams, *Inventing the Future*の表紙に書かれている。

4 以下を参照。Martin Ford, *Rise of the Robots: Technology and the Threat of a Jobless Future*, Basic Books, 2015, pp. 246–8〔マーティン・フォード『ロボットの脅威――人の仕事がなくなる日』松本剛史 訳、日本経済新聞出版、2015年、297～300頁〕; Andrew Yang, *The War on Normal People: The Truth about America's Disappearing Jobs and Why Universal Basic Income Is Our Future*, Hachette, 2018, p. xvii〔アンドリュー・ヤン『普通の人々の戦い――AIが奪う労働・人道資本主義・ユニバーサルベーシックインカムの未来へ』早川健治 訳、那須里山舎、2020年、23頁〕; およびPeter Frase, *Four Futures: Life after Capitalism*, Verso, 2016, pp. 48–9. より詳しい議論については次を参照。Manu Saadia, *Trekonomics: The Economics of Star Trek*, Inkshares, 2016, pp. 65–86. このようなビジョンはソ連からインスピレーションを得ているかもしれない。1961年、フルシチョフは20年以内に共産主義を達成すると主張した。ロシアのSF作家、ストルガツキー兄弟はそれを受けて、*Noon: 22nd Century* (Macmillan, 1978 [1961])〔『昼――22世紀』未邦訳〕という傑作短編集を著し、未来の共産主義社会における宇宙探査を描いた。後の小説*Hard to Be a God* (Eyre Methuen, 1975 [1964])〔「神様はつらい」『世界SF全集』第24巻、太田多耕 訳、早川書房、1970年〕とともに、このような共産主義での宇宙旅行というビジョンは1987年に発表された『スタートレック』やバンクスの『文明』シリーズのモデルとなっているかもしれない。

5 Thomas More, *Utopia*, 2nd ed., Yale University Press, 2014, pp. 47, 132.〔トマス・モア『ユートピア』平井正穂 訳、岩波書店、1994年、62〜63、178頁〕

6 ハモンドが1858年に主張した、社会の残りの部分が汚物よりも上の位置を維持するためには奴隷が苦役に従事することが必要だとする「最底辺」理論については以下を参照。Elizabeth Anderson, *Private Government*, Princeton University Press, 2017, pp. 30–1. また、W.E.B. Du Bois, *Darkwater: Voices from within the Veil*, Dover, 1999 [1920], p. 69.

7 以下を参照。More, *Utopia*, pp. 60–72〔モア『ユートピア』平井正穂 訳、岩波書店、1994年、81〜89頁〕; Étienne Cabet, *Travels in Icaria*, Syracuse University Press, 2003 [1840], pp. 80–9; Karl Marx, *Grundrisse: Foundations of a Critique of Political Economy*, Penguin, 1993, pp. 707–12〔ドイツML研究所 編『マルクス資本論草稿集2——1857-1858年の経済学草稿 II』資本論草稿集翻訳委員会 訳、大月書店、1993年、499〜501頁〕; Karl Marx, *Capital*, vol. 3, Penguin, 1991, pp. 958–9〔カール・マルクス『資本論』(8) 第三巻第三分冊、岡崎次郎 訳、大月書店、1972年、337〜340頁〕; Peter Kropotkin, *The Conquest of Bread*, Cambridge University Press, 2015, pp. 99–112.〔クロポトキン『麺麭の略取』幸徳秋水 訳、岩波書店、1960年、145〜165頁〕一般的な議論については、カベーとクロポトキンには言及されていないが、Edward Granter, *Critical Theory and the End of Work*, Ashgate, 2009, esp. pp. 31–67を参照。

8 次で引用されている。Marx, *Capital*, vol. 1, p. 532.〔カール・マルクス『資本論』(2) 第一巻第二分冊、岡崎次郎 訳、大月書店、1972年、306頁〕合わせて以下も参照。William Booth, "The New Household Economy," *American Political Science Review*, vol. 85, no. 1, March 1991, pp. 59–75; Claudio Katz, "The Socialist Polis: Antiquity and Socialism in Marx's Thought," *Review of Politics*, vol. 56, no. 2, 1994, pp. 237–60.

9 More, *Utopia*, pp. 75–9〔102〜108頁〕(奴隷の「金の鎖」に関して); 117〔159〜160頁〕(初期キリスト教徒について); 47〔62〜63頁〕(貨幣と私的所有の廃絶について); 19–25〔21〜30頁〕(囲い込みについて); 66〔90頁〕(自由について)。マルクスは間接的にモアの「金の鎖」について『資本論』で言及している。Marx, *Capital*, vol. 1, p. 769.〔カール・マルクス『資本論』(3) 第一巻第三分冊、岡崎次郎 訳、大月書店、1972年、199頁〕マルクスの先駆者としてのモアについては、以下を参照。William Morris, "Foreword to Thomas More's Utopia" [1893], in William Morris, *News from Nowhere and Other Writings*, Penguin Classics, 1993, pp. 371–5.

10 Robert Sutton, "Introduction," in Cabet, *Travels in Icaria*, p. x. を見よ。

11 以下を参照。David Gregory, "Karl Marx's and Friedrich Engels' Knowledge of French Socialism in 1842–43," *Historical Reflections*, vol. 10, no. 1, Spring 1983, pp. 143–93; また、Bruno Liepold, "Citizen Marx: The Relationship between Karl Marx and Republicanism," PhD Diss., University of Oxford,

2017.

12 Frank Manuel and Fritzie Manuel, *Utopian Thought in the Western World*, Harvard University Press, 1979, p. 712.〔フランク・E・マニュエル／フリッツィ・P・マニュエル『西欧世界におけるユートピア思想』門間都喜郎 訳、晃洋書房、2018年、859頁〕

13 Paul Corcoran, ed., *Before Marx: Socialism and Communism in France*, Macmillan, 1983を参照。マルクスは、のちの政治的展開において彼を惑わしかねなかった、2つの関連した傾向と対決した。一方では、エツラーやユア、バベッジのような同時代のオートメーション論者が、機械がすでに人間労働を代替しているため、必然性そのものを廃絶することが可能であり、それを通じて完全に自由な諸個人の世界を生み出すことができると主張していた。マルクスはこの立場には反対した。他方で、フーリエ主義者はポスト資本主義社会においては、労働は遊びになり、それによって必然性を自由のなかに吸収することができると考えた。マルクスはこのようなコミュニタリアンの立場も否定し、フーリエに対して、必然性を集団的なケアやコントロールのもとに置くことはできるが、それは遊びに解消することはできないと主張した。必然性の領域と自由の領域を分けて考える点では、マルクスはモア主義者である。

14 以下を参照。Karl Marx and V.I. Lenin, *The Civil War in France: The Paris Commune*, International Publishers, 1989 [1871]〔カール・マルクス『フランスにおける内乱』村田陽一 訳、大月書店、1970年〕; また、Raya Dunayevskaya, *Marxism and Freedom*, Humanity Books, 2000, pp. 92–102.〔ラーヤ・ドゥナエフスカヤ『疎外と革命──マルクス主義の再建』三浦正夫・対馬忠行 訳、現代思潮社、1964年、120～134頁〕

15 Kristin Ross, *Communal Luxury: The Political Imaginary of the Paris Commune*, Verso, 2015, pp. 91–116.

16 以下を参照。Otto Neurath, “Through War Economy to Economy in Kind” in Marie Neurath and Robert Cohen, eds., *Otto Neurath: Empiricism and Sociology*, D. Reidel Publishing, 1973; Du Bois, *Darkwater*, pp. 56–9, 69; John Dewey, *Liberalism and Social Action*, Prometheus, 2000 [1935], pp. 37–60〔ジョン・デューイ「自由主義と社会的行動」『ジョン・デューイ』明石紀雄 訳、研究社出版、1975年、247～314頁〕; Karl Polanyi, *The Great Transformation*, Beacon, 2001 [1944], pp. 257–68.〔カール・ポラニー『大転換』野口建彦・栖原学 訳、東洋経済新報社、2009年、449～468頁〕また、Marcel van der Linden, “The Prehistory of Post-Scarcity Anarchism: Josef Weber and the Movement for a Democracy of Content (1947–1964),” *Anarchist Studies*, no. 9, 2001, pp. 127–45. 1920年にルートヴィヒ・フォン・ミーゼスが口火を切った社会主義計算論争が社会主義を批判したのは、ミーゼスの見解によれば、それが様々な生産方法のなかからどれを選択するかを決定するための合理的基礎を提供することができず、とりわけそれ自体が他の生産過程

の投入物となるような財の生産に関してはそうであるためである。

17 Edward Bellamy, *Looking Backward, 2000–1887*, Oxford, 2007 [1888], pp. 39–44.〔ベラミー『顧りみれば』山本政喜 訳、岩波書店、1953年、65〜74頁〕

18 「一部の人が何年も行っているごみ収集という仕事を廃止することは、単なるジョブローテーションよりも遥かに大きな意味を持つ。それは、ゴミを生み出し廃棄するという過程と論理に変化をもたらすことを示唆している」Gilles Dauvé, *Eclipse and Re-Emergence of the Communist Movement*, PM Press, 2015, p. 54.

19 ロスの『共同的なラグジュアリー』は、「完全自動」である必要がない形態の「ラグジュアリーコミュニズム」を喚起する。

20 James Klagge, "Marx's Realms of Freedom and Necessity," *Canadian Journal of Philosophy*, vol. 16, no. 4, 1986, pp. 769–78を見よ。

21 More, *Utopia*, pp. 67–8.〔モア『ユートピア』91〜92頁〕また、Kropotkin, *Conquest of Bread*, pp. 58–63〔クロポトキン『麺麭の略取』88〜97頁〕を参照。

22 James Boggs, "The American Revolution" (1963), in Stephen Ward, ed., *Pages from a Black Radical's Notebook: A James Boggs Reader*, Wayne State University Press, 2011, p. 110.

23 More, *Utopia*, p. 130.〔モア『ユートピア』176頁〕

24 この点については、Martin Hägglund, *This Life: Secular Faith and Spiritual Freedom*, Pantheon, 2019の第2部、特に221頁から237頁および301頁から325頁を参照。ここでハグランドは民主的社会主義における必然性と自由の領域の位置づけについて展開しているが、これはポスト希少性社会におけるそれぞれの位置づけについての私の見解に近い。

25 Saadia, *Trekonomics*, p. 40.

26 Kropotkin, *Conquest of Bread*, pp. 138–9.〔クロポトキン『麺麭の略取』191頁〕

27 Daniel Pink, *Drive: The Surprising Truth about What Motivates Us*, Riverhead, 2009.〔ダニエル・ピンク『モチベーション3.0——持続する「やる気！」をいかに引き出すか』大前研一 訳、講談社、2010年〕

28 以下を参照。John O'Neill, *The Market: Ethics, Knowledge, and Politics*, Routledge, 1998; Daniel Saros, *Information Technology and Socialist Construction*, Routledge, 2014; また、Evgeny Morozov, "Digital Socialism?," *New Left Review* 116/117, S2, March–June 2019。これらの問題について私が理解を深めることを助け、また私に可能な解決策を示してくれたウェスターガルト氏に感謝したい。次を参照。Björn Westergard, "Review: *People's Republic of Walmart*," *The Machinery Question*, August 28, 2019, machineryquesiton.comから入手可能。

29 この意味で、「平等は個人主義を、損なわせるのではなく、可能にする」Ross, *Communal Luxury*, p. 108。また、More, *Utopia*, pp. 61–2〔モア『ユートピア』

82〜84頁〕; Marx, *Grundrisse*, pp. 711–12〔ドイツML研究所 編『マルクス資本論草稿集2——1857-1858年の経済学草稿 II』資本論草稿集翻訳委員会 訳、大月書店、1993年、499〜501頁〕; Marx, *Capital*, vol. 1, pp. 532–3〔マルクス『資本論』(2) 第一巻第二分冊、岡崎次郎 訳、大月書店、1972年、306〜307頁〕; and Kropotkin, *Conquest of Bread*, pp. 99–112.〔クロポトキン『麺麭の略取』145〜165頁〕

30 Theodor Adorno, *Minima Moralia: Reflections from Damaged Life*, Verso, 2005, p. 157.〔テーオドル・W・アドルノ『ミニマ・モラリア——傷ついた生活裡の省察』三光長治 訳、法政大学出版局、2009年、238頁〕

31 希少性なき世界では人々は抑圧から逃れ、自由を取り戻すことができる。「ある場所で誰かに苦しめられるなら、私がよそへ行くのを誰が妨げるというのだろう」J.J. Rousseau, *The Discourses and Other Early Political Writings*, Cambridge University Press, 1997, p. 158.〔ジャン＝ジャック・ルソー『人間不平等起源論　付「戦争法原理」』、坂倉裕治 訳、講談社、2016年、92頁〕また Cory Doctorow, *Walkaway*, Tor, 2017も見よ。

32 Stanley Aronowitz et al., "The Post-Work Manifesto," in Stanley Aronowitz and Jonathan Cutler, eds., *Post-Work: The Wages of Cybernation*, London, 1998を見よ。

33 Saadia, *Trekonomics*, p. 61.

34 Michael Lebowitz, *The Socialist Alternative: Real Human Development*, Monthly Review, 2010, pp. 31–45.

35 希少性の只中でのユートピアのあり方については、Ursula K. Le Guin, *The Dispossessed: An Ambiguous Utopia*, HarperCollins, 1994〔アーシュラ・K・ル・グィン『所有せざる人々』佐藤高子 訳、早川書房、1986年〕やフレドリック・ジェイムソンによるル・グインの小説における「世界の縮減」に対する考察を参照。*Archeologies of the Future: The Desire Called Utopia and Other Science Fictions*, Verso, 2007, pp. 267–80.〔フレドリック・ジェイムソン『未来の考古学 第1部 ユートピアという名の欲望』秦邦生 訳、作品社、2011年、フレドリック・ジェイムソン『未来の考古学 第2部 思想の達しうる限り』秦邦生・河野真太郎・大貫隆史 訳、作品社、2012年、56〜79頁〕また Frase, *Four Futures*, pp. 91–119も見よ。

36 ほとんどのUBI論者はこの点を最終的には認めている。たとえば次を見よ。Philippe van Parijs and Yannick Vanderborght, *Basic Income: A Radical Proposal for a Free Society and a Sane Economy*, Harvard University Press, 2017, p. 246.

あとがき　変革の担い手

1 Robert J. van der Veen & Phillippe van Parijs, "A Capitalist Road to

Communism," *Theory and Society*, vol. 15, no. 5, 1986, pp. 652–3; Nick Srnicek & Alex Williams, *Inventing the Future: Postcapitalism and a World without Work,* Verso, 2015, pp. 9–13. ラディカルでないオートメーション論者は、社会的闘争を軽視するだけでなく敵視してもいる。アンドリュー・ヤンは、今日において可能な唯一の闘争は「自動化主導の経済を原動力にした、人種やアイデンティティから生じた運動である」と主張する。ヤンは、みずからの存在が技術的に陳腐化してしまったトラック運転手たちが道路を封鎖し、それが今度は銃乱射事件や納税拒否反乱、反ユダヤ主義的なウィルスビデオの拡散、そして人種差別的政府の下での素朴な生活への回帰を唱える自民族中心主義的な政党の台頭を誘発するという恐ろしいビジョンを提示する。Andrew Yang, *The War on Normal People: The Truth about America's Disappearing Jobs and Why Universal Basic Income Is Our Future,* Hachette, 2018, pp. 158–9〔アンドリュー・ヤン『普通の人々の戦い――AIが奪う労働・人道資本主義・ユニバーサルベーシックインカムの未来へ』早川健治 訳、那須里山舎、2020年、263〜265頁〕を参照。

2 Wolfgang Streeck, "How Will Capitalism End?," *New Left Review*, vol. 87, May–June 2014, p. 48.〔ヴォルフガング・シュトレーク「資本主義はどう終わるのか？」『資本主義はどう終わるのか』村澤真保呂・信友健志 訳、河出書房新社、2017年、84頁〕

3 こうした運動全体の評価と分析を試みた文献としては以下を参照。Paul Mason, *Why It's Still Kicking Off Everywhere: The New Global Revolutions*, Verso, 2013; Manuel Castells, *Networks of Outrage and Hope: Social Movements in the Internet Age*, 2nd ed., Wiley, 2015; Endnotes, "The Holding Pattern," *Endnotes*, no. 2, 2013; Göran Therborn, "New Masses?," *New Left Review*, vol. 85, January–February 2014. 2019年の抗議運動の波については、Jack Shenker, "This Wave of Global Protest Is Being Led by the Children of the Financial Crash," *Guardian*, October 29, 2019 およびRobin Wright, "The Story of 2019: Protests in Every Corner of the Globe," *New Yorker*, December 31, 2019を参照。

4 Paul Mason, *Postcapitalism: A Guide to Our Future,* FSG, 2015, p. 29.〔ポール・メイソン『ポストキャピタリズム――資本主義以後の世界』東洋経済新報社、2017年、75頁〕

5 Gay Seidman, *Manufacturing Militance: Workers' Movements in Brazil and South Africa, 1970–1985*, UC Press, 1994を参照。

6 たとえば、Kim Moody, *On New Terrain: How Capital Is Reshaping the Battleground of Class War,* Haymarket, 2017を参照。

7 Federico Rossi, *The Poor's Struggle for Political Incorporation: The Piquetero Movement in Argentina,* Cambridge University Press, 2017を参照。

索引

アーロン・ベナナフ | Aaron Benanav

シラキュース大学社会学部助教。専門は経済史、社会理論。『ジャコビン』『ガーディアン』『ニューレフトレビュー』などに多く寄稿。2015年、論文「失業の世界史——1949年から2010年の世界経済における過剰人口」によりカリフォルニア大学ロサンゼルス校で博士号を取得。フンボルト大学ポスドク研究員、シカゴ大学特任助教などを経て現職。本書は、スペイン語、ドイツ語、韓国語など世界中で翻訳されており、大きな反響を呼んでいる。

佐々木 隆治 | Ryuji Sasaki

立教大学経済学部准教授。一橋大学大学院社会学研究科博士課程修了。博士(社会学)。日本MEGA編集委員会編集委員。著書に、『マルクスの物象化論[新版]』(堀之内出版、2021年)、*A New Introduction to Karl Marx*, Palgrave Macmillan, 2021、『マルクス 資本論』(角川選書、2018年)、『カール・マルクス』(ちくま新書、2016年)、『私たちはなぜ働くのか』(旬報社、2012年)、『ベーシックインカムを問いなおす』(共編著、法律文化社、2019年)、『マルクスとエコロジー』(共編著、堀之内出版、2016年)など。

岩橋 誠 | Makoto Iwahashi

NPO法人POSSEスタッフ。POSSEで技能実習生など外国人労働者やクルド人など難民の支援に携わる。国際NGO・Clean Clothes Campaign運営委員。withnews「やさしい日本語で答える仕事の悩み」執筆。京都大学経済学部卒。北海道大学公共政策学研究センター研究員。翻訳家。国際ジャーナリスト。共著に、『外国人労働相談最前線』(岩波ブックレット、2022年)、共訳書に、キア・ミルバーン『ジェネレーション・レフト』(堀之内出版、2021年)。

萩田 翔太郎 | Shotaro Hagita

歴史研究者。一橋大学大学院社会学研究科博士課程修了。博士(社会学)。専門はイギリス近代史・労働史・文化史。NPO法人POSSEにボランティアとして参加。雑誌『POSSE』でラダイト運動(機械打ちこわし運動)について連載中。共訳書に、キア・ミルバーン『ジェネレーション・レフト』(堀之内出版、2021年)。

中島 崇法 | Takanori Nakashima

英語学者。福岡大学講師。東北大学文学研究科博士課程修了。博士(文学)。専門は英語統語論。そのほか、海外の社会運動に関する文献の翻訳に携わる。翻訳文献に「#BlackLivesMatterから黒人解放へ」『思想』(岩波書店、2021年)など。

オートメーションと労働の未来

2022年10月31日　初版第一刷発行

著者　アーロン・ベナナフ

監訳・解説　佐々木隆治
翻訳　岩橋 誠　萩田翔太郎　中島崇法

発行　堀之内出版
〒192-0355　東京都八王子市堀之内3-10-12
フォーリア23　206
Tel：042-682-4350／Fax：03-6856-3497
装丁・本文デザイン　成原亜美（成原デザイン事務所）
シリーズロゴ　黒岩美桜
組版　江尻智行（tomprize）
印刷　中央精版印刷株式会社

ISBN978-4-909237-77-4